Goethes *Faust* I /
Reflexion der tragischen Form

Goethes *Faust* I /
Reflexion der tragischen Form
by David E. Wellbery

데이비드 E. 웰버리

괴테의 파우스트 1 /
비극적 형식에 대한 성찰

이강진 옮김

일러두기

- 이 책은 2016년 독일 지멘스 학술재단(Carl Friedrich von Siemens Stiftung)
이 출간한 주제들(THEMEN) 시리즈 중 102번째(Band 102)로 펴낸 데이
비드 E. 웰버리(David E. Wellbery)의 『괴테의 파우스트 I / 비극적 형식에
대한 성찰(Goethes *Faust* I / Reflexion der tragischen Form)』을 완역한 것이다.

- 원문의 주석은 각주로 처리했으며, 설명의 성격을 갖는 옮긴이 주석은 각
장의 미주로 처리하였다. 원주에 설명을 덧붙이는 경우, 옮긴이 주 표시를
따로 해두었다.

- 원문의 강조 부분은 굵은 글씨로 바꿨으며, 원문에는 없으나 몇 가지 주요
개념은 ' '로 강조했다. 또한 설명이 필요한 부분은 [ ] 처리를 하였다. 원문
중에서도 괄호가 겹치는 경우 부득이 [ ]를 썼다.

- 외국의 인명, 지명, 작품명은 국립국어원의 외래어표기법을 따랐으나, 몇
몇 인명의 경우 관례에 따라 표기한 경우도 있다.

Ex Captivitate Salus
감옥 같은 세상을 살아내는 지혜

창세기의 바벨에서 플라톤의 동굴로, 플라톤의 동굴에서 기독교의 지옥으로, 기독교의 지옥에서 베이컨의 우상으로, 베이컨의 우상에서 마침내 주커버그의 페이스북에 이르기까지, 우리가 물려받은 세상은 잔혹한 무지에서 비롯된 집요한 어둠으로 점철되어 있다. 그러나 히브리 성서를 그리스어로 옮긴 이름 없는 70인의 현자들이 개시한 번역의 역사는 저 가공할 어둠의 권세에 줄기차게 저항해 왔으며, 지금도 이 역사는 면면히 이어지고 있다. 멀고도 느닷없는 시간들 사이에서, 드세고 부질없는 언어들 사이에서, 번역과 번역가들은 모두를 위해 절실한 지혜의 가교를 놓는 일에 몰두하고 헌신한다. 그리하여 번역은 지혜의 모판이 되고, 지혜는 다시 번역(가)의 양식이 된다. '주제들(THEMEN)' 시리즈는 다양하고 웅숭깊은 지혜의 번역을 통해 화려한 첨단의 동굴, 한층 높아진 21세기의 바벨에 갇혀 두목답답한 모든 독자들의 충직한 청지기가 되고자 한다.

차례

INTRO

INTRO

   괴테는『파우스트』를 비극으로 규정합니다.[1] 괴테의 이러
한 규정이 자아내는 의미의 울림을 온전히 헤아려 보는 것, 그
것이 이 에세이의 목표라 할 수 있습니다.『파우스트』는 분명
비극으로 이해될 필요가 있으며, 그럼으로써 비극이라는 장
르의 역사에, 다시 말해 인간적인 현존에 대한 감동적이면서
도 심원한 형상화를 통해 그리스 시대 초기부터 가장 중요한
문학예술로 다루어져 왔던 장르의 역사에 등장한 하나의 사
건으로 받아들여져야만 합니다.『파우스트』를 괴테의 가장
중요한 작품으로 꼽아온 여러 견해들 역시 이러한 이해를 바
탕으로 함으로써 더욱 힘을 얻을 수 있을 듯한데, 왜냐하면 이
작품은 그것이 속해 있는 장르의 전통에 더없이 부합하는 것
이면서도, 한편으로는 그러한 전통에 창조적 계승의 가능성

을 더하고 있기 때문입니다.

여기서는 장르를 확고한 특성들의 존속으로 이해하기보다는, 발생학적으로-역학적으로 정초된 개념으로 상정할 것입니다. 장르란 곧 작품 생산의 원리로 이해될 수 있는데, 이때의 원리란 어떤 규준으로 드러나 존재하는 것이 아니라, 오직 본보기가 될 만한 작품들의 모습으로만 나타나는 까닭입니다. 장르 개념은 일종의 **형성 가능성**과 관계를 맺으며, 그와 같은 가능성이 하나의 장르를 이루어 출현하기 위해서는 시대 그리고 시대적 전환의 힘을 필요로 합니다. 장르 이론의 대상은 주어진 형상이 아니라 그들로부터 목격되는 변화라는 괴테의 유명한 말이 드러내는 유연한 의식은, 이러한 장르 개념의 핵심을 명확하게 짚어 내고 있다 해도 과언이 아닌 셈입니다. 직접적인 실천에 나선 주체들이 어떠한 예견 속에서 장르의 실현에 필요한 원리를 향해 가는 것이야말로, 인간적인 활동으로서의 문학 장르에 본질적으로 요구되는 과정입니다. 장르의 원리가 새로운 맥락에 투사될 때, 새로운 내용으로 풍부해질 때, 새로운 리듬으로 생성될 때, 변화의 싹이 움트는 것입니다. 그러므로 하나의 장르에 나타나는 혁신적인 특징들은 단순히 종래의 것으로부터 벗어나는 것만으로는 충족되지 않으며, 무엇보다도 장르 안에 내재된 가능성을 열어젖힘으로써 획득되는 것이라 할 수 있습니다. 다시 말해 무엇이 장르를 인간의 중요한 인식적 구상으로 이끄는가는, 그것의 생산적인 자기 해명 과정을 통해 비로소 분명해지게 되는 셈입니다. 규범성과 독창성의 개념들은 이러한 요구에 따라, 장르 전통에 생명력을 부여하는 종합적인 동역학을 형성하는 두 측면을 이루게 됩니다.

형성 가능성(Formpotential)의 개념은 장르를 그 외부가 아니라, 생산적 의식의 내적 전망으로부터 파악합니다. 인간이 유적 존재이듯, 문학작품 역시 그러합니다.[2] 문학작품이 저마다의 양식을 지니기 위해서는, 작품이 입안되는 과정에서 장르의 이념을 반드시 고려해야만 합니다. 문학작품은 장르와의 대화 속에서 싹트고, 그 안에서 스스로를 구성하는 요소들을 실험하며, 자기 자신의 근본 원리로부터 예술적 산출의 전혀 새로운 가능성들을 창조해 내는 것입니다. 그리하여 이러한 역동적인 장르 개념의 구상으로부터, 전통적으로 고수되어 온 장르 이념, 그리고 구체적인 작품에 의한 그것의 동시대적인 실현 사이에 매개된 공간으로 향하는 하나의 새로운 비평적 독해의 방법이 발전될 수 있습니다. 이러한 독해의 과제란, 장르가 갖는 가능성에 대한 내재적인 이해를 작품으로부터 이끌어 내는 것으로 주어질 테고 말입니다. 그러므로 우리는 이 에세이에 부여된 프로젝트를 다음과 같이 정리해 볼 수 있을 것입니다. 장르에 대한 성찰을 작품의 내부에서 구성해 보는 것, 또한 그럼으로써 『파우스트』라는 작품이 전개하는 비극적 사유들에 대한 해석을 제시해 보는 것.

한정된 분량의 에세이에서 『파우스트』와 같은 복잡한 작품의 상세한 해석을 시도하는 것은 불가능한 일일 수밖에 없습니다. 이러한 한계는 에세이라는 형식의 단점이자 장점일 것인데, 한편으로는 중요한 내용들이 부득이하게 생략될 수밖에 없지만, 다른 한편으로는 이런 불가피한 생략을 통해 재기 넘치는 번뜩임을 거머쥘 수도 있는 것입니다. 이후로 우리가 다루게 될 대상은 『파우스트』 비극의 제1부에 한정될 것입니다. 극적인 진행을 처음부터 마지막까지 차례로 따라가는 일반적인 해석은 시도되지 않을 것이며, 대신에 일종의 스냅 사진들을 나열해 봄으로써, 비극 장르의 원리에 속한 중요한 구성 요소들을 『파우스트』가 어떻게 변화시켜 냈는가를 살펴보게 될 것입니다. '비극적 형식에 대한 성찰'이라는 주제는 이러한 의미에서 선택되었습니다[3]

1　『파우스트』의 본래 표제는 『파우스트, 한 편의 비극(*Faust, eine Tragödie*)』
　　이다.

2　'유적 존재(Gattungswesen)'라는 말은 다르게 읽으면 '장르적 존재'이기도
　　하다.

3　'Reflexion'은 반사나 반영을 뜻하기도 하지만, 철학적으로는 주로 '반
　　성'이나 '(반성적) 성찰'의 의미로 옮겨진다. 특히나 이 책이 칸트의 개념
　　을 중요하게 참조하고 있다는 점에서 이 말은 본래 '반성'으로 옮기는
　　것이 가장 타당할 것이나, '반성'이라는 말이 일상적인 표현에서 부정적
　　인 의미를 띤다는 점, 그리고 이 책에서 Reflexion이라는 명사가 직접 사
　　용되는 것은 세세한 문맥을 동반하지 않은 표제 정도에 그치고 있다는
　　점을 고려하여 '성찰'로 옮기기로 하였다. 다음 장에서 곧 설명되겠지만,
　　괴테는 비극 장르의 전통을 공격하거나 적대한 것이 아니라 그것을 발
　　전적으로 계승하고 있기 때문이다.

전범과 계승

Exemplarität und Nachfolge

전범과 계승

 장르 개념에 대한 새로운 해석이라는 테제를 구체화하기
위해서는, 우선 극적 사건의 개별적인 요소들을 세세하게 살
펴볼 필요가 있습니다. 장르 개념의 온전한 의미는 극적인 사
건 안에서만 획득될 수 있으며, 마찬가지로 비극적 사유는 오
직 작품 내부의 시간으로서 육박해 오는 특수한 현재 안에서
만 그것의 격정적인 작용을 경험할 수 있을 것이기 때문입
니다.* 「성문 앞(Vor dem Tor)」 장면은 이와 같은 우리의 문제

---

* 극적인 형상화를 그것의 존재에 의해 급박하게-강제된 지금시간을 목도하
는 현재의 창작이자, 서사적인 '과거'의 철저한 임의성에 반대하는 것으로 보는 시
각은, 쉴러와의 대화에서 비롯된 논문인 「서사문학과 극문학에 대하여(Über epische
und dramatische Dichtung)」의 근본적인 주장이다. 독일 고전주의 시기의 다음 저작을
참고할 것. Johann Wolfgang Goethe: *Sämtliche Werke. Briefe, Tagebücher und Gespräche*, Hg.
von Friedmar Apel et al. Frankfurt a. M. 1987. 이하에서는 FA로 표기, 편수(숫자)와 권수
(로마자)를 참조할 것. 「서사문학과 극문학에 대하여」에 대해서는 다음을 참조할 것.
FA I /18, 445-450쪽.

의식을 위한 적절한 출발점으로 보입니다. 이제까지 이 장면은 대개『파우스트』1부의 사건 진행(내기로 맺어진 파우스트와 메피스토펠레스의 관계 및 그로부터 촉발되는 그레트헨 사건)의 시발점으로만 여겨져 왔습니다. 그렇지만 이 장면이 갖는 중요성은 여기에 그치지 않는데, 「성문 앞」은 과거에 대한 파우스트의 회상을 보여주며, 그럼으로써 중심인물에게 동기를 부여하는 유년기의 체험을 유일하게 제시해 주고 있는 까닭입니다.* 여기에 해당하는 장면의 전환은 파우스트가 모여든 '민중'의 무리들 속에서 '늙은 농부'가 내미는 '충전의 잔(Erquickungs-Trank)'¹을 받아 들고, 곧이어 바그너가 축제 분위기 속에 표현되는 감사의 배경을 설명하는(981-1055) 대목에서 일어나고 있습니다.** 여기에서 우리의 논의를 시작해 보기로 하겠습니다.

장르 문제의 관점에서 볼 때, 도입부의 이 장면은 비극적

---

* 물론 파우스트는 극의 첫 장면 「밤(Nacht)」에서 종소리와 합창 소리를 듣고 이미 그의 유년기와 부활절 체험을 떠올린 바 있다. 그러나 여기에서는 특정한 구체적인 경험이 등장하지 않는다. 이 두 회상은 다만 그들의 예외적인 상태를 드러내고, 의미론적인 대조 관계(믿음/믿음의 위기)를 긴밀하게 보여주기 위해 동원되고 있다.

** 작품의 인용(괄호 안에 행으로 표기)은 알브레히트 쇠네(Albrecht Schöne)가 편집한 판본을 따른다. FA Ⅰ/7/1(제4판, 1999).

사건이 어떻게 극적으로 수행되는가에 대한 답변을 제시하고 있다고 할 수 있습니다. '충전의 잔' 에피소드를 이러한 관점에서 바라보게 되면, 우리는 괴테가 소포클레스의『오이디푸스 왕』을 참조하면서도, 한편으로는 그것을 적절히 변용함으로써 비극 장르의 에너지를『파우스트』에 불어넣고자 했음을 깨닫게 됩니다.* 무엇보다 우리의 눈에 먼저 들어오는 것은 장면의 배열에서 두드러지고 있는 유사성입니다. 두 장면 모두 '대문' 또는 '문' 앞에서 발생하며, 중심인물(오이디푸스, 파우스트)과 '민중'이 조우하는 순간을 그리고 있습니다. 또한 축제 분위기(소포클레스에서는 '찬가와 탄식의 기도',** 괴테에서는 봄맞이 축제와 부활절 축제의 춤과 노래)가 각각의 장면들을 지배하고 있으며, 민중을 대변하고 대표하는 이들은 두 경우 모두에서 노인(사제 또는 농부)의 모습을 하고 있습니다. 결정적으로 두 작품에서 민중들과 중심인물 간에 일어나는 상호작용은 유사한 경향성을 띤 관계로 설정되고 있습니다. 오

---

* 쉴러에게 보낸 편지(1797년 12월 23일)에 따르면, 「서사문학과 극문학에 대하여」의 집필은 '일리아스와 소포클레스'에 대한 연구에 앞선 것으로 보인다(FA Ⅰ /18, 448쪽). 1798년에서 1801년 사이에 작성된 「성문 앞」 장면은 이 시기에 집중된 연구를 반영하고 있다.

** 소포클레스의 인용은 프리드리히 횔덜린의 번역을 따른다. In: *Sämtliche Werke, Briefe und Dokumente*, 10권, *1802-1804. Gesänge, Oden, Die Trauerspiele des Sophokles*. Hg. von D. E. Sattler, München 2004, 96쪽.

이디푸스뿐만 아니라 파우스트 역시 수수께끼를 풀어낸 탐구자로서 찬사를 받으며, 민중에 의해 신적인 존재로 드높여지고 있는 것입니다.* 이들의 모습에는 무엇보다도 다가올 비극적 결말이 짙게 드리워져 있는데, 왜냐하면 스스로를 신격화하고자 하는 충동은 금기의 위반이라는 비극적 사건의 전형을 이루는 까닭입니다. 이러한 사건에는 단지 주인공이 드높여진다는 사실만이 아니라, 비극의 근간을 이루는 **급전** renversement의 형식에 의하여 그의 추락과 파멸마저도 이미 예정되어 있는 셈입니다.**

  그렇지만 괴테가 고대의 전범들로부터 끌어온 가장 중요한 형상화의 힘은 무엇보다도 그 복잡다단한 시간의 구성에서 찾을 수 있습니다. 앞으로 일어날 살인과 근친상간을 예언하는 신탁에서 볼 수 있듯이, 소포클레스는 현재와 과거의 관

---

* 『파우스트』에서 드높여짐(Erhebung)의 모티브는 바그너에 의해 전달되고 있다. "선생님께서 지나가시면, 모두가 줄을 지어 늘어서고,/모자들이 공중으로 날아오르니,/까딱하다간 무릎들이라도 꿇을 것 같습니다,/성체(聖體)라도 오신 양 말입니다."(1018-1021)

** Jean-Pierre Vernant: *Ambiguity and Reversal. On the Enigmatic Structure of* 《*Oedipus Rex*》 참조, 또는 개괄로서 "Tensions and Ambiguities in Greek Tragedy", in: J. -P. Vernant / Pierre Vidal-Naquet: *Myth and Tragedy in Ancient Greece*. Übers. von Janet Lloyd. New York 1988, 113-140쪽, 29-48쪽.

계를 통해 대화를 구성하면서, 동시에 과거와의 관계를 통해 앞으로 일어날 극적 사건들이 예견되도록 합니다. 때문에 역병이 날뛰는 시간으로서 현재가 주어져 있는 상황에서 사제는 그의 말을 통해 과거를 현재로 불러냄으로써 오이디푸스에 의한 테베의 구원이 다시 한 번 이루어지길 갈구하는 것입니다.[2] 그러나 사제가 불러들인 과거(수수께끼의 해결과 스핑크스로부터의 해방)의 힘은 단지 표면상의 구원에 그칠 수밖에 없는데, 왜냐하면 저 구원의 사건에는 라이오스 왕의 살해가 선행하고 있으며, 그럼으로써 구원의 사건 자체가 오히려 나라를 더럽히고 역병을 불러온 원인으로 작용하고 있는 까닭입니다. 이렇듯 시간적 층위들이 교차됨으로써 순차적인 연속성은 복선과 반추들로 인해 교란되고, 헝클어진 시간의 축은 우리로 하여금 위반과 죄, 고통과 속죄의 거대한 신화적인 순환을 느끼도록 만듭니다. 신화적인 시간과 운명이 자아내는 매듭들의 이와 같은 출현이야말로 비극을 구성하는 본질적인 요소인 것입니다. 그리고 이러한 신화적 작용의 힘을, 괴테는 소포클레스의 전범을 수용함으로써 『파우스트』의 근대 세계로 불러냅니다. 소포클레스가 나이 든 사제로 하여금 과거와의 관계를 불러내도록 했던 것과 마찬가지로, 괴테는 늙은 농부로 하여금 동일한 역할을 수행하도록 만들고 있습니다. 이로써 『오이디푸스 왕』의 근본적인 주제라 할 수 있었던 구원의 허울, 혹은 죄인과 구원자의 일치가 여기서도 등장하게 되는 것입니다. 아울러 역병과 살인이 괴테에게서도 중요하게 취급되고 있다는 점 역시 주목할 만한 부분입니다. 전염병을 물리치기 위해 동분서주했던 과거를 바그너에게 설명하는 파우스트의 긴 이야기(1022-1055)에 등장하는 모티브는, 시대적 간극에 의해 변화된 의미 속에서도 비극의 가능성이 보존되고 있다는 설명이 아니고서는 이해되기가 어려울 것입니다.

괴테가 소포클레스와의 대결을 통해 이끌어낸 장르 개념에 대한 새로운 해석에는 세 가지 차원이 나타나고 있습니다. 우선은 앞에서 언급되지 않은, 역병의 고통에 대한 주인공의 동정을 살펴보기로 하겠습니다. 여기에 해당하는 회상은 다음과 같은 파우스트의 말로 시작됩니다.

여기에서 나는 종종 홀로 생각에 잠긴 채 앉아서
기도와 금식으로 나 자신을 괴롭혔다네.
희망에 차올라서, 믿음으로 가득한 채,
눈물짓고 탄식하며, 손을 잔뜩 움켜쥐며

하늘에 계신 주님을 강제해서라도

저 흑사병을 끝장내고자 생각했었다네.(1024-1029)

위의 구절들을 소포클레스의 전범과 비교해 볼 때 가장 먼 저 고려되어야 할 것은,* 개인적인 층위에서 일어나는 저 고뇌 와 그것이 비극적 사건의 전개에서 갖는 의미 간의 상관성을 어떻게 파악할 것인가의 문제입니다. 소포클레스의 경우에 는 전형화된 인물들에 의해 장면이 구성됨으로써 그 의미가 선명하게 제시될 수 있었습니다. 오이디푸스는 역병으로 초 래된 민중의 고통을 내면화하고, 탄식과 눈물에 잠기며, 스스 로를 고통을 대속하는 자로, 다시 말해 그로 말미암아 모두의 고통을 끝마치게 할 자로 여기고 있습니다. 물론 우리는 오이 디푸스의 개인적인 고뇌를 기독교적인 **긍휼**(compassio)로 이 해해서는 곤란할 것인데, 왜냐하면 오이디푸스의 고뇌는 오

---

* 횔덜린의 번역에서 여기에 대응되는 부분(오이디푸스가 신관과 그의 집 앞에 모 여든 군중에게 말하는 대목)은 다음과 같다. "왜냐하면 나는 분명히 알고 있는 까닭 이다./그대들 모두가 괴로워하고 있음을, 더불어 그대들 중 어느 누구도/나와 똑 같이 괴로워하고 있지는 않음을. 그대들의 고통이란/한 사람에게, 고작해야 그대 들 스스로에게나 미치고 있을 뿐,/다른 이들에게까지 미치지는 않는다. 그러나 나 의 영혼은/나를 그리고 그대들을 근심하는 동시에 이 나라를 근심하고 있으니,/그 대들이 잠든 나를 깨워 일으킨 것이라 할 수는 없으리라./오히려 그대들은 알고 있 으리라, 내가 수없이 흘려 온 눈물들을,/헤아릴 수 없는 근심들로 미쳐가고 있음 을." (*Sämtliche Werke*, 10권, 97-98쪽.)

히려 자기 안에서 온 나라의 고통이 되풀이되는 듯이 여김으로써, 스스로의 특별함을 더욱 드높이려는 시혜적이고 동정적인 체험이기 때문입니다. 여기에서 다시금 스스로를 드높이는 비극의 기본적인 모티프와 그것이 불러일으킬 역설적이고 참혹한 전환이 예감되고 있으며, 이후의 사건 진행 역시 이러한 귀결을 향해 흘러가게 됩니다. 결국 자신에 찬 오이디푸스 왕의 말[3]은 그가 자기혐오에 휩싸인 희생양(parmakos)으로서 스스로의 죄와 국가의 고통을 짊어져야만 하리라는 극의 결말을 이미 암시하고 있는 셈입니다.* 그렇다면 괴테는 이 장면을 어떻게 취급했을까요? 괴테는 역병을 과거로 옮겨 놓았으며, 늙은 농부의 말을 통해 일깨워진 기억이 주목되도록 만들고 있습니다. 어쩌면 여기에 대해서 개인적인 죄와 그것이 불러일으키는 전형적인 신화적-악마적 반작용(징벌로서의 역병)의 구체화에 대해 이야기하는 것이 가능할지도 모르겠습니다만, 괴테는 비극의 형식을 위한 중요한 구성 요소인 자기고양의 경향을 놓치지 않습니다. 파우스트라는 인물에는 처음부터 비극적 금기 위반에 해당하는 분명한 특징이 이미 부여되어 있으며, 이러한 특징은 18세기에 널리 확산된 심리적

---

* 이러한 관점에 대해서는 원주 7을 참조할 것.

발전 개념[4]에 힘입어 그 설득력을 확보하고 있습니다. 여기에는 비단 과거와 현재의 관계만이 아니라 인용된 행들이 드러내는 기독교적 의미 역시 개입되고 있는데, 이것은 소포클레스의 전범에서는 찾아볼 수가 없는 것입니다. 이러한 의미들이 자아내는 극적인 의미가 해명되려면, 비극적 동인의 미세한 변화를 우리가 감지할 수 있어야 할 것입니다. 진정 천재적인 시인의 발상은, 젊은 파우스트의 기도 안에 자기 고양이라는 비극적 경향이 드러나고 있다는 데에서 엿보이고 있습니다. 파우스트는 그가 "희망"과 "믿음"이라는 기독교적인 미덕을 증명했다고 회고하지만, 지난날 그가 바친 "기도"에서는 신에게 온전히 자신을 내어주는 순종의 자취를 찾기가 어렵습니다. 무언가를 "강제하기를" 바라는 기도는 그야말로 오만에 다름 아니며, 신의 권능을 자신의 것으로 삼고자 하는 노력이기 때문입니다. 젊은 시절에 대한 회상에서 두드러지는 것은 오히려 자기 고양의 충동에 의해 촉발된 종교의 도구화이며, 이러한 이해를 바탕으로 할 때, 비로소 **마법과 관계를 맺는 일**의 진정한 비극적 의미가 확보될 수 있습니다. 종교로부터 완전히 등을 돌리고 마법으로 기울어지는 그의 전환("그리하여 나는 나를 마법에 내어주었지", 377)은, 일련의 좌절들로 경험된 과거에 대한 회고에 그 근원을 두고 있는 것입니다. 그

무용함으로 말미암아 파우스트를 절망으로 몰고 갔던 젊은
시절의 기도는, "희망"과 "믿음"(1605)에 가해지는 절망에 찬
저주를 선취하고 있습니다. 그리고 이 저주는 마침내 「서재
2」 장면에서 메피스토펠레스—마법의 도구성이 인격을 지닌
형상으로 육화된 존재—와의 계약이라는 불길한 행보를 내딛
는 것으로 구체화됩니다.

기도 장면에 뒤이어 등장하는 것은 두 번째 회상의 층위인,
파우스트 부자가 역병에 맞서기 위해 함께 연금술 시약을 조
제하는 구체적인 장면입니다. 여기에서 마법에 경도된 의식
은 보다 넓은 차원을 획득하게 됩니다.

아버지께서는 어두운 영광을 지니신 분으로,

자연 그리고 그 성스러운 영역에 대해서

성실하게, 다만 그분만의 방식으로

망상에 찬 노력을 기울이며 숙고하셨네.

연금술사 무리들과 더불어

컴컴한 부엌에 틀어박혀서

끝도 없는 처방들에 따라

서로 어긋나는 것들을 한데 들이부으셨지.

저 붉은 사자를, 그 대담한 구혼자를

미지근한 탕 속에서 나리꽃과 혼인시키고는

그런 둘을 시뻘건 잉걸불로 지져서

이 신방에서 저 신방으로 마구 몰아대셨네.(1034-1045)

이제까지 이 장면에 대한 분석들은 거의 전적으로 연금술 실험 과정의 의미를 해석하는 데에 붙들려 있었으며, 그로 인해 그 진정한 극적인 의미를 완전히 놓치고 있었다 해도 과언이 아닙니다.* 반면 이 장면이 소포클레스의 전범으로부터 비롯된 것임을 고려함으로써, 우리는 '컴컴한 부엌' 안에서 일어나는 활동 역시 비극적인 모티프였음을 곧바로 알 수 있게 됩니다. 기도가 '고통스럽게(quälend)' 마법에 가까워질수록 원소들의 연금술적 활동들은 '강요된(gequälten)' 것으로 주어지는데, 이는 저 성애의 장면이 자연스러운 과정이 아니라 마법적으로 조작된 것인 데에서 기인하고 있습니다. 이러한 성적인 상상력은 직전에 등장한 장면들에서 미리 예견된 바 있습니다. 이를테면 마법적인 수단들을 마음대로 다루는 것처

---

*   중요한 예외로 다음의 연구가 있다. Peter Michelsen: *Der Einzelne und sein Geselle. Fausts Osterspaziergang*, in: *Im Banne Fausts. Zwölf faust-Studien*. Würzburg 2000, 53–78쪽. Michelsen은 사랑에 대한 연금술적 은유가 그 과학사적 사실보다 중요하다는 것을 간파한다.

럼 보이는 음탕한 노파의 등장(872-883)이나, "목동이 춤추러 간다고 단장을 했네"와 같은 음란한 노래(949-980)가 그것입니다. 이러한 에피소드들(유혹과 거짓, 기만을 수반하는 마법적인 성적 결합)과의 느슨한 결합은 순수하고 순결한 '나리꽃'과 '대담한 구혼자'의 결혼이라는, 혹은 강제된 결합이라는 연금술적인 연출 안으로 파고들게 됩니다. 봄을 맞이하여 활발해진 민중들에게서 풀려 나오고 있는 성적인 충동에 의해, 젊은 시절 파우스트의 내면에 스며들었던 성적 열망의 독성이 다시금 번지기 시작합니다. 그리고 바로 이 대목에서 괴테는, 소포클레스의 비극에 신화적 암시의 힘을 부여했던 시간과 운명의 매듭을 『파우스트』에 도입하고 있습니다. 즉 '신방' 안에서 일어나는 강제된 결합이, 이후 그레트헨의 '작고 깨끗한 방'(2678행의 장면 묘사)에서 비극적 필연으로 반복되는 것입니다.*

---

* 오해를 피하기 위해서, 이때의 '비극적인 필연성'이 인과적인 규정의 의미가 아님을 환기해둘 필요가 있다. Karl Reinhardt는 이를 타당하게 정식화하고 있다.(*Sophokles*, Frankfurt a. M. 1933, 110쪽.) "그 이전의 그리스 시대와 다르게, 소포클레스에게 운명은 결코 어떤 결정이 아니었으며, 오히려 초자연적인 힘의 충동적인 해방이었다. 예언이 내려진 곳에서도, 또는 심지어 그에 해당되는 행위가 일어난 곳에서조차, 세계의 원리에 내재된 질서가 실현되고 있는 것이다." 이것은 『파우스트』의 경우에서도 마찬가지로, 이후에 저 "초자연적인 힘의 해방"이 어떻게 이해될 수 있는가를 설명하게 될 것이다.

소포클레스의 전범에 대한 변형의 시도가 보여주는 세 번째 차원은 이제 비극적인 죄의 문제로 향하게 됩니다. 우리는 이어지는 장에 등장하는 파우스트의 말에서 이를 살펴볼 수 있습니다.

> 여기에 그 약이 있었네, 환자는 죽어버렸고
>
> 아무도 묻는 이 없었네, 누가 나았느냐고
>
> 그렇게 우리는 지옥의 탕약을 가지고
>
> 이 골짜기에서 저 산등성이로
>
> 흑사병보다 더 나쁜 해악을 끼치며 날뛰었다네.
>
> 나 자신도 그 독약을 수천 명에게 내어 주었으니
>
> 그들은 시들고 나는 살아남아
>
> 뻔뻔한 살인자를 칭송하는 꼴을 들어야만 하게 되었단 말일세.
>
> (1048-1055)

소포클레스는 구원자로 여겨져 온 비극의 주인공이 도리어 눈앞에 닥친 해악의 근원으로 드러나는 양가성을 이미지로 제시합니다. 역병이 닥쳐오는 순간부터 살인자의 정체가 밝혀지고 나라에 흩뿌려진 죄의 얼룩이 정화되는 순간까지, 살해된 라이오스 왕의 피가 스며든 땅이 거기에 주어져 있는 것입니다. 이로써 사건의 진행은 언젠가 쉴러가 비극의 해석 (Analysis)[5]이라고 불렀던 구조 안에 들어서게 되는데,* 당연하게 중요시되어 왔던 비밀 혹은 수수께끼 풀이의 측면을 제외한다면, 이 일련의 사건 진행은 『파우스트』의 중심 사건과 다소 거리가 있었던 탓에, 양자의 출발점들이 갖는 분명한 연관관계가 그간 제대로 인식되지 못했던 것이 사실입니다. 그러나 『파우스트』에서 회상된 에피소드들이 갖는 인용적 성격은 확연합니다. 1) 오이디푸스가 역병의 근원이라면, 파우스트와 그의 아버지는 '역병보다도 더 흉악하게' 나라 곳곳을 휩쓸고 다닙니다. 2) 오이디푸스가 라이오스 왕을 시해한 살인자라면, 파우스트와 그의 아버지는 독약을 치료약으로 내미는 '뻔뻔한 살인자'들입니다. 여기에서 괴테가 맞닥뜨렸던 딜레마는, 소포클레스의 작품에 부여된 신화적인 인과성이 이미 그의 시대에는 시대착오적인 것이 되어 효용을 잃었음에도 불구하고, 그것이 여전히 비극적 동기부여를 위해서 필요불가결한 요소라는 점이었습니다. 그리하여 괴테는 이에 대한 하나의 해결책으로 언어적 표현을 확장하는 길을 제시합니다. 과장된 비유로 말미암아 파우스트는 '역병보다 더 흉악

---

* An Goethe, 2. Oktober 1797. Friedrich Schiller: *Werke und Briefe*. Hg. von Otto Dann et al. Frankfurt a. M. 1992, 12권, 331쪽 이하.

한' 존재가 되고, 점점 더 격해지는 자기 고발의 와중에 그는 급기야 '뻔뻔한 살인자'가 됩니다. 이러한 과정들을 통해 괴테는 재앙을 불러오는 존재라는 오이디푸스의 본질을, 비유적인 표현의 차원에서 그의 주인공에게 부여할 수 있었던 것입니다. 어쩌면 이로 인해 비극적 죄의 무게가 희박해진다는 느낌이 들 수도 있겠습니다만, 실상은 그렇지 않습니다. 왜냐하면 괴테는 소포클레스가 과거의 시간에 배치했던 살인 행위를, 미래에 일어나게 될 극적인 사건으로 이동시키고 있기 때문입니다. 언어적 표현으로 물러난 신화적 반복의 요구는, 이제 말 그대로 살인 사건이 실제로 일어남으로써 관철됩니다. 파우스트가 가져온 독약이 그레트헨의 어머니를 죽게 만들 것이며, 이 뻔뻔한 살인자의 손은 그녀의 오빠의 생명마저 빼앗게 될 것입니다. 세계는 점차 음침한 비극적 죄의 빛을 띠게 되고, 이렇게 뿌리내린 죄는 신화적 세계에서의 의미와는 전혀 다른, 다시 말해 도덕적으로 변호될 수도, 종교적으로 용서될 수도 없는 함의를 갖는 것입니다.* 그렇다면 괴테는 어떻게 1800년경의 세계에 이와 같은 새로운 형식 원칙을 제시함

---

*   Seth Benardete: *On Greek Tragedy*, in: *The Argument of the Action. Essays on Greek Poetry and Philosophy*, Chicago 2000, 105쪽 참조: "비극은 도덕적인 차원에서 속죄가 불가능한 죄의 불가피성을 폭로한다."

으로써 새로운 현재성과 설득력을 확보할 수 있었을까요? 여기에 대해서는 앞으로 추가적인 설명의 시도가 뒤따라야 할 것입니다.

'충전의 잔' 에피소드에 대한 적확한 분석을 통해 우리는 작품에 내재되어 있는 장르적 성찰을 구체적인 사례를 경유하여 설명할 수 있게 되었습니다. 괴테가 소포클레스의 전범을 장악함으로써 이끌어낸 저 변형의 과정으로부터, 세 가지 혁신적인 의미의 구조가 뚜렷하게 드러나고 있습니다. 괴테는 1) 비극의 핵심 모티브인 자기 고양/오만을 중심인물이 느끼는 (기독교적인 맥락을 경유함으로써만 생각될 수 있는) 종교에 대한 절망과 마법에 대한 경도를 통해 새롭게 규정하였고, 2) 마법의 도구화에 대한 일반적인 상상을 그레트헨-사건이라는 탁월한 성적 욕망의 시나리오로 구체화했으며, 3) 신화적인 인과(살인-더럽혀짐-전염병)를 자기 고발(페스트-독-살인)과 그 실현(그레트헨의 어머니-발렌틴)의 관계로 바꾼 것입니다.* 이와 같은 의미의 변화를 거침으로써, 신화적인 시간

---

* 일반적인 해석들과는 달리, 페스트(Pest)라는 말은 소포클레스와 괴테 모두에게서 단순한 의학적 의미로 사용되지 않는다. 비극에 등장한 페스트는 오히려 희생양을 요구하고 그에게 사형이 집행되는 데에 이르게 되는, 공동체의 (잠재적인) 위기 상태를 의미한다. 여기에 대해서는 Réne Girard: *The Plague in Literature and Myth*, in:

과 운명이 자아내는 뒤얽힌 매듭은 이제 개인적인 편력 속으로 녹아들게 됩니다. 비극은 이제 개인의 역사가 된 것입니다. 여기에서 강조되어야 할 점은, 이러한 변화가 단순히 개별적인 내용들을 다듬어냄으로써 도출된 결과가 아니라는 것입니다. 진정 중요한 것은 이 변형이 비극적인 사건 진행의 근본을 이루는 구조적 요소들을 대상으로 시도되었다는 데에 있습니다. 비극 형식에 대한 괴테의 연구는 체계적인 장르의 개념에 깊숙이 파고들며, 그것을 새로운 방향으로 실현시켰습니다. 따라서 우리는 이것을 칸트적 **계승**의 한 사례로, 즉 본보기가 되는 작품이 그것을 계승하는 작품에 "실마리를 제공함"으로써, 그들로 하여금 "원칙들을 자기 안에서 탐색하고, [스스로의] 고유한 길로, 혹은 많은 경우 보다 나은 길로 나아갈 수 있도록 이끄는" 과정의 한 사례로 볼 수 있을 것입니다.* 이와 같은 계승은 결코 당연하게 이루어지는 것이 아니며, 시간의 흐름에 따라 저절로 성취될 수도 없습니다. 계승이란 이룩된 성취들이 켜켜이 쌓여 만들어 낸 규범에 의해 비로소 달성되는

---

*   Immanuel Kant: *Kritik der Urteilskraft*, par. 32, in: *Werke in zwölf Bänden*. Hg. von Wilhelm Weischedel. Frankfurt am Main 1977, 10권, 212쪽.[한국어 번역은 임마누엘 칸트, 『판단력비판』, 백종현 옮김, 아카넷, 2009, 302쪽.—옮긴이]]

것이기 때문입니다. 칸트는 성공적인 계승을 판가름할 시금석을, 양자가 "동일한 근원으로부터" 창조되었는가의 여부에서 찾았습니다.* 외적인 특징들을 모사하는 것만으로는 여기에 도달할 수 있을 리 만무합니다. 장르 개념에 대한 내재적이고 규범적인 요구는, 어디까지나 산출의 원리 자체가 갖는 의미를 사유하는 단계들을 통해 비로소 파악될 수 있는 것입니다. 장르의 원리가 어떻게 형성되는지, 어떠한 통찰과 설득력이 인간의 관점을 명료한 의미의 짜임새로 이끄는지는 미리 정해져 있는 것이 아닙니다. 그것은 오히려 성공적인 작품들에 나타나는 장르 원리의 구체적인 전개에 의해 비로소 드러나는 까닭입니다. 계승은 인간적인 대상들에 대해 표명된 견해들 안에서 확증되는, 형성 가능성으로서의 장르 이해를 확장시켜 줍니다. 칸트는 "원천들"이 역사적-의미론적 발전 과정 속에서 메말라 버릴 수 있다고 보았지만, 실제로 "원천들"이 메말라버리는 일은 결코 일어나지 않습니다. 칸트의 저 말은 특정한 역사적인 분기점 이후에는 특정한 형식 원칙이 더

---

* 같은 책: "어떤 모범적인 창시자의 산물들이 다른 이들에게 미칠 수 있는 모든 영향들에 대해서라면, 모방보다는 앞선 것에 대한 **계승**이라는 말이 보다 올바른 표현일 것이다. 이것은 단지 앞선 것을 창조해 냈던 것과 동일한 원천에서 창조된다는, 그리고 앞선 이들로부터 다만 그 행동의 방식만을 배워 온다는 것을 의미한다."[한국어 번역도 위의 책, 같은 쪽.(번역은 수정)―옮긴이]

이상 인간적인 존재의 자기 해석에 보탬이 될 수 없으리라는 생각을 담고 있습니다. 이를테면 굳건한 연속성을 자랑하며 곳곳에서 전성기를 꽃피웠던 희극과 달리, 특수한 종교적 의미론에 근거함으로써 고대 그리스에서 출현한 여러 장르들 중에서도 특히나 힘겨운 계승 과정을 겪어야 했던 비극처럼 말입니다. 그러나 정확히 이러한 견지에서 "충전의 잔" 에피소드는 무엇보다도 교육적인 성격을 띤다고 할 수 있겠는데, 왜냐하면 이 에피소드는 우리로 하여금 소포클레스의 비극적 모티브가 근대의 의미론적 전제들(기독교, 과학, 심리학) 위에서 수용되는 과정을 세세히 추적해 볼 수 있도록 이끌어 주기 때문입니다. 아마도 이러한 교육적 기능은 작품의 창작 의도에 이미 내포되어 있었던 것 같습니다. 괴테에게 "충전"이란 "새로운 생명의 일깨움"을 의미하고 있었다는 주지의 사실을 감안한다면, 우리는 결국 저 에피소드가 장르를 쇄신하는 단계들에 대한 비밀스러운 수업이라는 사실을 받아들일 수밖에 없는 것입니다.*

---

* 괴테의 『파우스트』에서 "죽음"/"충전"의 전환은 일반적으로 사건 진행의 연쇄를 만들어 내는 도식으로 나타난다. "충전의 잔"은 「성문 앞」 장면을 지배하는 "부활"과 (성적 충동의 깨어남을 포함하는) "봄"의 의미와 결합되어 있다. 파국 이후의 새로운 시작을 제시하는 2부의 첫머리에서도 우리는 유사한 성좌의 구조를 발견할 수 있다. "너 대지는 지난밤에도 변함이 없더니/새롭게 충만해져(neu erquickt) 내 발치에서 숨 쉬는구나."(4681-4682) 또 이와 유사한 대목으로는 "잔가지들과 굵은 가지

37

여기서 그냥 지나칠 수 없는 놀라운 사실이 있는데, 그것은 괴테가 단순히 부차적인 차원에서 『오이디푸스 왕』을 암시한 것이 아니며, 소포클레스의 작품에 나타나는 근본적인 가능성들을 비극적인 동기부여만이 아니라 그 행위의 구성을 통해서도 획득하고자 했다는 점입니다. 이는 그가 『파우스트』를 장르 개념을 둘러싼 논쟁의 장으로 만들려 했음을 보여줍니다. 그렇다면 이러한 괴테의 야심은 어떻게 아리스토텔레스의 『시학』 이래로 비극 연구의 핵심으로 다루어져 온 여러 효과들과 관계를 맺을 수 있었을까요? 이 질문에 가장 적절하게 답할 수 있는 방법은, 아리스토텔레스의 『시학』 제6장에 제시된 비극의 정의로부터 출발하는 것입니다. "비극은 훌륭하고 일정한 크기를 가진 완결된 행동을 모방하며, [……] 비탄과 오싹함을 환기시키며 이를 통해 이러한 감정 상태를 정화시키는 작용을 한다."* 여기에 제가 인용한 번역자인 만프레드 푸어만(Manfred Fuhrmann)은, 아리스토텔레스의 개념들인 **eleos**와 **phobos**를 익숙한 "연민"과 "공포"로 옮기는 대신

들이 신선하게 충만해져(frisch erquickt)/깊이 잠들어 있던 향기로운 심연으로부터 움트는구나."(4690-4691) "충전의 잔"의 의미는 작품 전체에 걸쳐 있는 여러 "음료와 물약들(Tränken)"의 계보와 공명하고 있으며, "재생"의 의미에만 전적으로 한정되지 않고 있다.

* Aristoteles: *Poetik*. Übers. und hg. von Manfred Fuhrmann. Stuttgart 1982, 19쪽.

에[6], "비탄"과 "오싹함"으로 재구성하고 있습니다.[7] 여기서 그는 1955년에 발표된 볼프강 샤데발트(Wolfgang Schadewaldt)의 논문 「공포와 연민?—아리스토텔레스적 비극론의 의미에 대하여」로 대표되는 아리스토텔레스 연구의 한 계보를 따르고 있습니다.* 샤데발트는 비단 아리스토텔레스만이 아니라 고대 비극 전반에서, 시간의 진행이나 복잡한 의식 내용에 기반을 둔 심리 상태가 아니라 마음을 사로잡는 근본적인 격정이 중시되었다고 주장합니다. "**Eleos**는 늘 격렬한, 혹은 육체적으로 표출되는 격정을 가리켜 왔으며, 많은 경우 불평이나 비명, 비명소리와 결부되었다. 이 말은 '비탄'이나 '벅차오름'으로 옮기는 것이 가장 타당하다."** 샤데발트에 의해 촉발된 문헌학적 논쟁을 모두 살펴보는 것은 이 에세이의 범위를 넘어서는 일일 것입니다.*** 번역어 선택에 대한 우리의 의문은 문헌학적 논증보다는 그 의미에 집중될 필요가 있는데, 왜냐하면 이러한 의미를 살펴봄으로써 괴테의 파우스트-기획에 상응하는 역사적 논의의 맥락이 환기될 수 있기 때문입니다. 샤

---

*   *Hermes* 82/2 (1955), 129-171쪽.

**   인용된 부분의 번역 문제에 대한 푸어만의 주석은 162쪽을 참조할 것.

***   관련된 문헌학적 논의들에 대해서는 in: Aristoteles: *Poetik*, Übers. und erläutert von Arbogast Schmitt, Berlin 2008, 참조. 이 번역판의 역자는 "공포"와 "연민"을 사용하지만, 그럼에도 불구하고 "오싹함"과 "비탄"을 대체 가능한 대안으로 수용하고 있다.

데발트의 개입은 말하자면, 레싱이 『함부르크 연극론』에서 발전시켰던, 아리스토텔레스 비극론의 번역과 해석에 대한 주제를 기각하는 것이었다고 할 수 있습니다.[8]

주지하다시피 레싱의 주장은 연민 개념에 계몽주의적-박애주의적으로 부여된 특권으로 정리될 수 있으며, 여기에서 레싱은 비탄이 자아내는 비극적 격정과 연민을 예리하게 구분해 내고 있습니다. 가령 크리스티안 펠릭스 바이세(Christian Felix Weiße)의 『리처드 3세』에 대해 그는 다음과 같이 쓰고 있습니다. "그것[리처드라는 죄 없는 희생양]이 우리를 완전히 비탄에 잠기게 만드는 것을 누가 부정하겠는가? 그러나 이 비탄이라는 것이, 나로 하여금 인류의 운명을 오싹한 것으로 여기게 만들고, 불평꾼들이 섭리에 반대하여 그것을 늘어놓음으로써 더 큰 절망을 맥없이 따라가고 마는 저 비탄이 —나라면 묻지 않겠지만— 정말로 연민일 수 있단 말인가? —그야 좋을 대로 부르면 그만이겠으나— 비탄이란 것이 정말로 모방적인 예술을 일깨운다는 말인가?"* 이러한 입장은 곧 아리스토텔레스의 비극론에 대한 레싱의 해석으로 이어지며, 비극

Gotthold Ephraim Lessing: *Werke und Briefe*. 6권: *Werke 1767-1769*. Hg. von Klaus Bohnen, Frankfurt a. M. 1985, 577쪽.

40*

의 근간에 자리하는 강렬한 격정을 순화하고자 하는 그의 박애주의를 드러내고 있습니다. 이러한 내용을 괴테의 『파우스트』 1부와 관련지어 생각해 보는 것은 대단히 흥미로운 작업인데, 왜냐하면 그레트헨 비극은 이제까지 레싱의 『함부르크 연극론』에 의해 그 이론이 제시된 시민비극 장르와 밀접한 연관을 지니는 것으로 줄곧 이해되어 왔기 때문입니다. 괴테의 작품에서는 아리스토텔레스에 의해 이른바 파토스-장면으로 지칭되었던, "의미심장한(schwer) 고통"*의 장면에 **비탄 eleos**이 출현하는 자체가 이미 비극의 구조를 형성하는 계기가 됩니다. 만약 괴테가 연민의 감정을 자극하고자 했다면, 그는 작품의 결말 부분에 그러한 의도에 부합하는 장면들을 두드러지게 배치해야만 했을 것입니다. 하지만 거기에 표현되고 있는 것은 비탄이며, 보다 정확하게 말하자면 이 비탄은 비극 장르의 본질을 구성하는 격정의 기능에 대한 성찰로서 극의 결말을 읽을 수밖에 없도록 만드는 강조로 나타나고 있는 것입니다.

---

*   Aristoteles: *Poetik*. Übers. von M. Fuhrmann, 37쪽(1452b11). 사람들은 종종 아리스토텔레스에서 페리페테이아(사태의 급박한 변화)와 재인식에 인접해 있는 파토스-장면이 극의 플롯을 완전하게 만드는 요소였음을 간과하곤 한다.

이와 관련하여 결말로 향하는 부분에 등장하는 두 대목을 살펴볼 수 있겠는데, 우선 「흐린 날, 벌판」 장면에서 파우스트는 "그 여자가 처음은 아니"라는 메피스토펠레스의 냉소적인 발언에 다음과 같은 절규로 답합니다.

> 그 애가 처음이 아니라구! 비탄할 일이다! 비탄해 마땅할 일이야! 이제 와선 인간의 마음으론 이해할 수가 없게 되었구나. 이런 비참한 구렁텅이 속에 떨어진 것이 한 사람 만이 아니라니, 영원히 죄를 용서하시는 분의 눈앞에서 그 몸부림치던 괴로움을 제일 먼저 받으신 분만으로도 모든 인간의 죄가 충분히 씻어지지 않았다니, 정말 알 수가 없 는 노릇이구나. 나는 오직 이 한 아이 때문에만도 뼈와 살을 후벼 패는 것 같은데, 그런데도 네놈은 수천 명의 운명을 태연히 비웃기만 한단 말이냐!
>
> (산문으로 작성된 장면, 21-28행)

두 번째 사례는 마지막 장면에 제시되며, 파우스트가 옥 안에 들어서는 순간에서 찾을 수 있습니다.

> 오랫동안 잊고 있던 오싹함이 나를 붙들고,
> 인류 전체의 비탄이 나를 사로잡는구나.(4405-4406)

여기서 사용되고 있는 비탄 개념은 슈투름 운트 드랑 (Sturm und Drang) 시대[9]에 나타났던 단순한 과장된 감정이 아닙니다. 오히려 그것은 고대의 장르적 전범들과의 관계로 유추되어야 하지요. 실제로 괴테는 『파우스트』의 1부를 끝마칠 즈음의 시기에, 고대 양식을 모방한 축제극인 『판도라』에 폭력과 살인이 자행되는 장면을 배치하면서, 이들 장면이 고대의 사례와 거의 같은 비탄의 개념으로 시작되도록 배치하고 있습니다.

> 공포에 질린 여자의 다급한 비명이 정원에서 들려온다.
>
> 에피메테우스(튕기듯 일어나며):
>
> 경악스럽구나, 이제 막 깨어난 이에게 비탄이 덤벼드는 꼴이라니!*

비탄 개념의 위와 같은 사용의 근원은 아마도 에우리피데스인 것으로 보입니다. 사실 괴테는 그의 작품을 일찍부터 알고 있었을 뿐만 아니라, 앞으로 보게 되겠지만, 『파우스트』1

---

* FA I /6, 676쪽. 몇 행 뒤에는 다음과 같은 대목도 등장한다. "에피멜레이아: 아, 비탄할 일이다! 비탄할 일이야!"(677쪽)[여기에서 에피멜레이아의 "O Jammer! Jammer!"라는 말은 앞서 인용된 「흐린 날, 벌판」에서 파우스트의 "Jammer! Jammer!" 로 그대로 반복되고 있다.—옮긴이]

부에 나타난 비극적 사건의 진행을 에우리피데스의 파에톤-신화에 대한 암시로 시작하고 있습니다. 뿐만 아니라 괴테는 예의 비탄 개념을, 미완성 단편(斷片)으로 남은 그의 번역 작업인 『바쿠스의 여사제들』의 파토스 장면에서 더욱 강렬하게 두드러지도록 삽입하고 있습니다.* 이것은 결국 괴테가 비극적 격정을 다루는 방식이 계몽주의자들의 연민 개념과는 분명하게 선을 긋는 방향으로 나아가고 있었음을, 그럼으로써 그의 비극 창작이 에우리피데스의 장르적 전범에 대한 해석으로 나아갔으리라는 짐작을 가능케 하는 것입니다.

이제 앞에서 인용했던 『파우스트』의 장면들로 돌아가 보도록 하겠습니다. 여기에서 발견할 수 있는 괴테의 비탄 개념은 근본적인 격정이나 현저한 자극의 표상에만 집중되지 않습니다. 괴테가 사용하고 있는 개념은 그가 수립한 고유한 방식에 따라 구체화되고 있는 것입니다. 이것은 "인류 일체의 비탄이 나를 사로잡는구나"라는 파우스트의 말이, 두 번째 서재 장면에 등장하는 다짐과 비극적이고도 아이러니한 호응을 이룬다는 사실로부터 드러나고 있습니다.

---

* FA I /12, 181쪽(20, 23행), 183쪽(12행) 참조.

전 인류에게 주어진 것을

나는 나의 내부의 자아로서 맛보겠네(1770-1771)

　메피스토펠레스는 이 오만한 언사를 반박하면서, 파우스트가 만들어 내고자 하는 그 "빵 반죽"을 "소화할" 수 있는 "인간"은 존재하지 않으며, "전체"란 오직 신만을 위해 만들어진 것이라고 냉소합니다(1776-1781).[10] 인류의 개념에 대한 이 주목할 만한 발언은 "인류 일체의 비탄"이라는 파우스트의 말 속에서 공명하고 있습니다. 우리는 이것을 서로 연관된 장면들이 만들어 내는 비극적-역설적인 의미의 회귀로 이해할 수 있으며, 이로써 비탄의 이 특별한 사용은 비극적인 격정보다 한층 분명하게 드러나게 되는 것입니다. 이 비탄은 파우스트가 인간으로서의 한계를 절감하는 순간에, 보다 정확하게는 인간적인 존재를 넘어선 무한자가—비극의 중심인물인—파우스트에게로 덮쳐드는 순간에 출현합니다. 비극적인 격정이 특수하게 경험되는 이러한 차원을, 괴테는 **인간으로서는** 이해할 수 없는 대상에 대한 **인간적인** 경험으로 형상화하고 있습니다. 『젊은 베르터의 고뇌』 이래로 "인간성의 한

계"*를 둘러싼 실존적인 질문이 괴테에게 있어 예술을 통해
극복해야 할 주된 문제의식이었음을 떠올려 본다면,『파우스
트』는 분명 괴테의 수많은 작품들 중에서도 가장 중대한 비극
적 탐색이 될 수밖에 없어 보입니다. 괴테가 이러한 문제의식
을 숙고하면서 비극적 격정의 문제를 얼마나 중요하게 생각
했었는가는, 이 작품의 핵심적인 술어인 "붙잡다(fassen)"의 사
용만 보더라도 금방 알 수 있습니다. [파우스트를—옮긴이]
붙잡을 수 없다는(nicht zu fassen) 사실은 그레트헨을 끊임없
는 고뇌로 몰아가며, 파우스트는 인류 전체의 비탄에 **붙들려
(gefaßt)** 있습니다.** 서로 대조적인 이들의 방향성으로부터 우
리는 저 비탄의 내용에 담긴 괴테의 의도를 엿볼 수 있습니다.
관객이 인식하는 극의 성격은 비극적인 사건이 드러내는 힘
이 더없이 방종하게 휘둘러지고 있다는 사실에 의해 압도되
어 버립니다. 그리고 정확히 이러한 의미에서 비탄은 우리가

---

*   FA Ⅰ/1, 332-333쪽. 동일한 말을 제목으로 삼고 있는 괴테의 시 작품을 참조해
볼 것.

**   첫 번째 「밤」 장면에서 이러한 의미의 이행이 관찰된다. [마법적인—옮긴이]
대우주의 기호들이 만들어 내는 광경에 현혹된 파우스트는 다음과 같이 묻는다.
"내 어디에서 너를 붙들 수 있는가, 무한한 자연이여?"(455) 그러나 바로 다음 순간
지령은 그를 경멸조로 내려다보며 말한다. "그 무슨 초라한 공포심에/초인인 네가
붙들렸단 말이냐!"(489-490) 여기에서도 마찬가지로 인간 존재의 한계와, 그것을
마법의 힘으로 넘어서려 하는 파우스트의 문제가 다루어지고 있는 셈이다.

인간 존재의 한계를 체험할 수 있는 순간을 제공하는 것입니다. 비탄은 비극적인 경험이 인간의 한계 바깥에 존재하고 있음을, 또한 인간으로서는 도저히 받아들일 수 없는 무언가가 거기에 나타난다는 사실을 일러줍니다. 괴테가 번역한 『바쿠스의 무녀들』의 결말에서 카드무스는 "비탄에 잠긴 채로" 눈앞에 닥친 비극적 파국을 "정당한, 그러나 제멋대로인" 것으로 규정하는데,* 이것은 그야말로 우리의 논의에 꼭 들어맞는 바가 아닐 수 없습니다.

이제 괴테가 사용하는 비탄 개념이 보여주는 마지막 관점을 살펴보기로 하겠습니다. 아리스토텔레스는 비극의 관객이 "한 인간에게 주어진 삶의 객관적인 상황과, 그를 고통으로 몰아가는 무언가의 사이에서 발생하는 불화"를 인식함으로써 **eleos**가 발생한다고 보았습니다.** 앞에서 인용했던 「흐린 날, 벌판」 장면의 중요한 기능은 이러한 이해의 차원을 불러일으키는 데에 있었던 셈입니다. 물론 『파우스트』에서 비극적인 격정은 은총과 고통을 저울질하는 대신, 인간이라는

---

* FA I /12, 181쪽.

** Schadewaldt: *Furcht und Mitleid*, 141쪽.

"피조물"로서는 도저히 받아들이기 힘든 불행으로 향하게 되겠지만 말입니다. 우리는 이러한 의미의 변화를 비탄 개념에 대한 포괄적인 해석으로 이해할 수 있습니다. 그레트헨의 운명이 자아내는 고통은 인류의 고통 그 자체이며, 이로써 파우스트라는 인물이 갖는 비극적 본질은 그 자신의 의도가 작품 전체의 의도에 **반하는** 것임에도 불구하고, 기독교 복음에 대한 중요한 문제제기를 일구어 내고 있습니다. 파우스트가 그레트헨의 고통을 마주하며 절감했던 것처럼, "영원히 죄를 용서하는 분의 눈앞에서" 그리스도가 겪어야 했던 "단말마의 고통"은 인간을 죄와 죽음의 고통으로부터 해방시키기에 충분하지 않습니다. 바이세의 『리처드 3세』에 대한 글에서 레싱은 비탄이 "섭리에 반하는 불평"에 가까우며 "절망"을 불러온다고 주장했는데, 언뜻 이러한 주장은 괴테의 작품이 보여주는 결말에서 그 진실성이 입증되는 것처럼 보입니다. "모든 것을 용서하는 분"이라는 말 안에는 어딘가 조소와 불쾌함이 울려 퍼지고 있으며, 그렇게 비극적인 비탄에 사로잡힌 파우스트는 마침내 기독교적인 신앙으로부터 등을 돌리는 것입니다. 그러나 다름 아닌 이러한 선택에 의해,「천상에서의 서곡」에서 메피스토펠레스가 신에게 맞서 내세운 입장이 관철됩니다. 즉 인간의 삶이란 "비탄의 나날들"(297)에 붙들려 있으며,

지상에 "옳은 것이라고는 없"다는(295) 것입니다. 이 지점에서 우리는 다시금 작품 전체에 걸쳐 작동하고 있는 특별한 힘의 자장을 느낄 수 있습니다. 「천상에서의 서곡」으로의 회귀는 비극적인 격정과 그를 통해 이해되는 장르 개념을 『파우스트』의 전체 틀을 구성하는 질문과, 즉 창조의 의미와 정당성에 대한 물음과 결합시키고 있는 셈입니다.[11]

1   『파우스트』한국어 번역들에서는 'Erquickungs-Trank'를 "시원한 술"(강두식), "원기 돋우는 술"(김인순) 등으로 옮기고 있는데, 여기에서는 '채워 넣음'의 의미를 강조하는 한편, 뒤에서 'erquicken'의 과거분사인 'erquickt'가 단순히 '기운을 얻는다'는 의미를 넘어 완연하게 '충만해진' 상태를 의미하는 것을 포괄하기 위해 "충전의 잔"으로 옮겼다. 아울러 '술'이라는 번역어 대신 '잔'을 택한 것은, 작중에서 'Trank'라는 말이 '술' '음료' '물약' 등을 포괄하는 것을 이용한 말장난이나 중의적 표현들이 나타나기 때문이다.(원주 17 참조)

2   과거에 있었던 일을 현재로 불러들임으로써 현재와 미래에 영향을 미치고자 하는 시도는 언어를 통해 구성되는 주술의 기본적인 형태이다. 9세기 혹은 10세기경에 지어진 것으로 알려진 메르제부르크 주술(Merseburger Zaubersprüche)은 이러한 형식의 대표적인 예시이다. 신들이 발굽을 삔 말을 치료한 사건이 주술적 언어에 의해 현재로 소환됨으로써, 그것은 당면한 문제의 해결을 도모하는 마법의 힘으로 작용하게 되는 것이다. David E. Wellbery (Hg.): *Eine neue Geschichte der deutschen Literatur.* Berlin University Press 2007, 28-30쪽 참조.

3   "나는 세상에 널리 알려진 오이디푸스 왕이니라."

4   아리스토텔레스식으로 말하자면, 발전이란 자기 내에 잠재하고 있는 가능태(뒤나미스)의 실현을 목적으로 삼음으로써, 그것을 현실태(에네르게이아)로 만들어 내고자 하는 동적인 과정이다. 근대의 인본주의는 이와 같은 발전 개념을 인간이 지닌 가능성의 이념으로 보다 확장시켰으며, 괴테는 비극의 근본원리인 자기 고양의 문제를 이러한 발전 개념의 확장과 긴밀하게 연관시킴으로써 비극 장르 전체에 근대성을 부여해 내고 있다.

5   여기서 '해석'이란 내용에 대한 치밀한 분석이라기보다는 구조적 측면

에 주목한 수학적·기하학적 해석이라는 의미를 가리키고 있으며, 우리는 이에 해당하는 사례를 괴테에게 보낸 쉴러의 편지(원주12 참조)에서 찾아볼 수 있다. "『오이디푸스 왕』은 말하자면 비극에 대한 하나의 해석에 불과한 것입니다. 모든 것은 이미 거기에 주어져 있고, 그저 풀려 나오고 있을 뿐입니다. 이런 것쯤이야 더없이 단순한 행위나 극히 짧은 순간 안에서도 능히 일어날 수 있습니다. 거기에 주어진 사건들이 제 아무리 복잡하고 또 여러 정황들에 얽혀 있다 하더라도 말입니다."

6 본문에서도 언급되고 있듯이, 많은 해석자들에게 『파우스트』 1부는 '비극(Tragödie)'이 아닌 '시민비극(Bürgerliches Trauerspiel)'의 연장선에 놓인 작품으로 이해되어 왔다. 『파우스트』의 초고가 1774년에 작성되었음을 감안할 때, 이 작품은 시민비극의 대표적 작품인 레싱의 『에밀리아 갈로티(*Emilia Galotti*)』(1772)와 시기상으로 거의 차이가 없을 뿐더러, 두 작품 모두 시민계급의 여성을 비극적 희생양으로 등장시키고 있기 때문이다. 그러나 이 책의 저자는 이러한 통념을 거부하면서, 『파우스트』 1부를 가장 근본적인 차원의 '비극'으로 보고자 한다. 여기에서 그가 eleos와 phobos의 재해석을 시도하는 것은 이러한 이유에서인데, 왜냐하면 "연민(Mitleid)"과 "공포(Furcht)"라는 번역어를 처음 주장한 것은 다름 아닌 레싱이며, 뒤에서 언급되고 있듯이 시민비극의 근본 개념은 레싱의 아리스토텔레스 해석과 밀접한 연관을 맺고 있기 때문이다.

7 독일어에서 'Jammer'는 '비탄·한탄·불행·비참·곤궁·유감·낙담' 등의 다양한 의미를 지시하며, 단순한 명사형만이 아니라 "Jammer!"와 같은 감탄사로도 쓰일 수 있다. 여기서는 저자가 고려하고 있는 Jammer의 의미가 유감스러움과 탄식이 뒤섞인 복합적인 의미를 겨냥하고 있다는 점, 인용되는 작품들에서의 맥락이 주로 '무시무시한 일을 목도함으로써 형성되는 감정'들을 가리킨다는 점, 그리고 무엇보다도 Jammer가 '연민'과 대비되는 보다 강렬한 의미로 제시되고 있음을 고려하여 '비탄'으

로 옮겼다.

8   레싱은 아리스토텔레스의 'eleos'와 'phobos'를 '연민'과 '공포'로 번
    역함으로써 독일 문학사에 결정적인 영향을 미쳤다. 그는 '연민'을 '대
    상에 대한 애정과 대상이 처한 불행에 대한 상심이 혼합된 복합적 정
    서'로 설명하는 한편, '공포'를 '고통받는 주인공과의 동일시를 통해
    느끼게 되는 자기 자신에 대한 동정심'으로 설명한다. 레싱의 '시민비
    극(bürgerliches Trauerspiel)' 이론이 비극의 등장인물들을 고귀한 신분으
    로 제한하려 했던 '신분제한(Ständeklausel)'에 대해 반대했던 것 역시, 그
    가 주장했던 비극론의 핵심이 관객과 주인공 사이에 일어나는 동일시
    (Identifikation)에 기반을 두고 있었기 때문이라 할 수 있다.

9   흔히 '질풍노도'로 번역되는 슈투름 운트 드랑(Sturm und Drang)은 계몽주
    의의 경직성에 반대하며 감정·상상력·개성의 해방을 주장했던 18세기
    후반 독일의 문학운동이다. 괴테 역시 이 운동의 중요한 참여자였으며,
    그의 대표작에 속하는 『젊은 베르터의 고뇌』나 『괴츠 폰 베를리힝엔』,
    그리고 그의 청년 시절의 많은 시들은 슈투름 운트 드랑을 대변하는 작
    품들로 꼽힌다. 그러나 괴테는 점차 슈투름 운트 드랑의 맹목적인 천재
    예찬이나 즉각적인 감정의 발로와 거리를 두었으며, 조화와 아름다움,
    인간의 교육과 교양 등으로 눈을 돌림으로써 바이마르 고전주의의 대표
    자로 변모해 가게 되었다.

10 메피스토펠레스는 파우스트의 야심찬 결심이 한낱 "빵 반죽"에 불과하
    다며 조롱하는데, 이는 파우스트가 세계라는 전체를 한눈에 조망하지
    못하고, "인간"의 모자란 지식으로 수집한 단편적인 이해들을 그저 뒤섞
    고 있을 뿐임을 비웃는 것이다.

11 메피스토펠레스의 주장이 입증되고, 파우스트가 신에 대한 믿음으로부

터 등을 돌리는 것은 기독교적 신앙의 부정을 의미하지 않는다. 오히려 이러한 사건들은 창조의 정당성과 신의 섭리를 둘러싼 물음들을 촉발시 키는 계기를 이룸으로써, 작품 전체를 관류하고 있는 정당화의 문제를 강화하는 것이다.

휴지

Zäsur

휴지

그레트헨 비극의 사건이 진행되는 방식은, 거기에 나타나는 비극적 형성 원칙의 제 요소들을 살펴봄으로써 설명될 수 있습니다. 횔덜린은 대담하면서도 의미심장하게, 이 형성의 원칙에 '휴지(休止)'라는 이름을 붙였습니다. 그는 이 개념을 자신이 번역한 소포클레스의 『오이디푸스 왕』과 『안티고네』에 첨부된 "주석들"에서 발전시키고 있는데, 콤머렐(Max Kommerell)은 이 주석들에서 비극의 근본적인 구성에 결정적으로 작용하는 요소를 발견합니다. "휴지란 사건의 날카로운 전환이다. 이것 없이 비극은 성립할 수 없다."* 그러나 아리스토텔레스의 페리페테이아에 맞닿아 있는 콤머렐의 이러한 입

---

* Max Kommerell: *Lessing und Aristoteles. Untersuchung über die Theorie der Tragödie*. 5. Auf-lage mit Berichtigungen und Nachweisen, Frankfurt a. M. 1970, 182쪽.

장은 한편으로는 확실한 타당성을 지니는 것이면서도, 동시에 다른 한편으로는 지나치게 내용의 측면에 국한된 급진성을 강조한 탓에, 횔덜린의 휴지 개념에 내포된 시간적 지각이라는 중요한 측면을 소홀히 한 것이기도 했습니다. 반면 그간의 연구에서 등한시되어 왔던 비극 형성의 원칙에 대한 개념적 확장을 정당화하기 위해서는, 저 시간의 차원을 포괄하는 일이 반드시 요구됩니다. 횔덜린의 문제제기는 연속되는 표상들과 지각들의 매개 안에 존재하는, 포괄적인 종합의 형성이라는 문제를 겨냥하고 있습니다. 마치 철학이 그 관념들을 논리적으로 결합시킴으로써 조화로운 전체로 만들어 내듯이, 포에지는 거기에 속한 부분들이 자아내는 조화로운 관계의 리듬을 통해 감각적-격정적인 것까지를 아우르는 인간의 모든 능력을 생산해 내는 것입니다. 표상된 단락들을 하나의 비극적 진행의 형상으로 만들어 내는 리드미컬한 구조의 요소는, 비극의 무대에 펼쳐지는 표현들 안에 자리하는 일종의 고정되지 않은 중심으로 주어집니다. 횔덜린은 이 중심의 작용을 대단히 난해한 문장으로 설명하고 있습니다. "그럼으로써 **전달**Transport이 일어나는 표상들의 리드미컬한 연쇄 안에서, 사람들의 운율상의 **휴지**Cäsur라 부르는 순수한 말은 그 절정에서 급박한 표상의 변화와 만나기 위해 필연적으로 리듬에

반하는 중단이 된다. 그럼으로써 표상의 전환이 아니라, 표상 자체가 가시화된다."* 횔덜린은 관객을 통해 비극이 형성하는 표현과 수용 간의 관계를, 무엇보다도 전개되는 극적 사건이 관객들의 의식을 함께 이끌어 가고 있다는 데에서 찾고자 했습니다. 사람들은 표현된 것 안에서, 그것이 흡사 지금 이 순간의 일인 양 사건들을 체험하고, 그것들에 마음을 빼앗기는 것입니다. 비극적인 전달은 바로 이러한 과정에서 일어나게 됩니다. 그리고 횔덜린의 관찰이 제공하는 핵심은, 저 전달이 비극적인 것의 경험을 산출하기 위한 비극의 형식을 제시하지 못한다는 데에 자리하고 있었습니다. 즉 관객들을 매료시키는 사건의 전개는 오히려 중단되어야만 하며, 몰아치는 리듬에는 반드시 휴지—중단—를 배치함으로써 비극적인 형식을 실현해야 하는 것입니다.

어째서 휴지가 비극적 형식을 가능케 하는 조건이 되는 것일까요? 횔덜린은 이 조건을 휴지를 통해 주어지는 관점의 전환에서 발견합니다. 휴지에 의해 초래된 중단은 관객을 눈앞에 상연된 내용과의 동일시로부터 멀어지도록 만들고, 관객

---

*   Friedrich Hölderlin: *Sämtliche Werke*, 10권, 155쪽

에게 주어지는 이 거리가 관객으로 하여금 '표상 그 자체'를 인식할 수 있도록 해주는 것입니다. 이것은 달리 말하자면 비극의 자기 형상화 그 자체가 인식되는 과정이기도 합니다. 휴지의 작용을 통해 확보된 거리가 없었다면 계속해서 은폐된 채 남아 있었을 무언가가, 마침내 이러한 인식의 과정을 통해 가시화되게 됩니다. "예상의 연속이, 그 리듬이 분할되고, 둘로 나누어진 부분들은 균형을 이루며 드러나는 관계를 형성"하는 것입니다.[*] 중단은 대칭적 관계를 출현시키는 한편, 중단 이전과 이후 간의 균형을 만들어 내며, 그를 통해 우리가 전체 안에 깃들어 있는 내적인 법칙성을 이해할 수 있게 해줍니다. 다시 말해 표현과 표현된 것 사이의 관계를 성찰할 수 있도록 하는 의식이, 미학적 의식이 여기에서 싹트는 것입니다. 이로써 비극의 예술적 특성은 비극의 경험 안에서 그 가치를 지니게 됩니다.

휠덜린의 주장을 살펴봄으로써 우리는 휴지가 일종의 단절을 드러내는 것뿐만 아니라, 열광적인 동일시—전달—의 과정을 분할하는 것이기도 하다는 점을 알게 됩니다. 내용 안

---

[*]   같은 책.

에서 분할된 열광적인 의식으로부터, 그 분할된 부분들 간의 성찰적인 관계가 생성되는 것입니다. 본래 라틴어 **caesura**는 무언가를 후려치거나 베어버린다는 의미를 갖고 있는데, 이 말이 내포하는 함의인 "폭력적인 절단"(caedere=때리다, 후려치다)이 횔덜린이 사용한 개념과 공명하고 있다는 사실에서 우리는 비극의 **사건 진행**이 갖는 근본 형식에 대한 횔덜린의 이해를 발견하게 됩니다. "신과 인간이 맺어지고, 격정 속에서 자연의 힘과 인간의 내적 본성이 무한하게 합일되는 생경함이, 무한한 합일은 무한한 분리를 통해 스스로를 정화한다는 사실에 의해 이해된다는 것[1]. 비극적인 것의 표현은 대개 여기에 근거한다."* 이러한 설명을 통해 분명하게 알 수 있는 것은, 비극 플롯의 구상이 휴지를 통해 규정되었던 관객의 수용과 마찬가지로 동일시와 분리의 구조를 드러낸다는 점입니다. 한데 뒤섞인 요소들을 분리함으로써 맹목적인 동일시를 해소하는 과정은, 이들 두 경우 모두에서 핵심적인 위치를 차지하고 있습니다. 극의 전개 과정과 관객의 경험 간에 형성되는 이러한 상동성은 횔덜린의 이론적 탐색이 무엇을 목표로 삼고 있었는가를 보여줍니다. 횔덜린의 목표는, 말하자면 아

---

* 　같은 책, 160쪽.

리스토텔레스가 비극적 작용을 위해 요구했던 요소인 **카타르시스**('정화')를 비극의 진행 구조에 속한 분명한 요소로 만드는 것이었습니다.* 작품 또는 표현 자체에 속하지 않는다는 이유로 미학적 논의들에서 단순한 우연으로 치부되어 왔던 카타르시스는 이로써 의도를 가진 형성물이 되고, 동시에 관객의 수용이라는 측면은 열광적 전달을 벗어나 미학적 의식의 산출로 새롭게 사유될 수 있게 된 것입니다. 이 두 가지 이론적 차원은 **비극의 미학화**로 이해될 수 있는 하나의 개념적 연관을 이루는데, 여기에서 '미학화'라는 말은 미의 개념에 치중된 고립을 의미하는 것이 아니라, 오히려 작품의 구조가 그것에 대한 경험의 구조와 함께 사유될 수 있다는 것을 의미하고 있습니다. 그리고 이와 같은 사유의 과정으로 미루어 보건대, 우리는 횔덜린의 "주석들"이 그 사유의 독창성과 표현상의 특이성(Idiosynkrasie)에도 불구하고, 여전히 홀로 떨어져 존재하는 것이 아님을 알 수 있습니다. 그것들은 오히려 일종의 역사적-의미론적인 성좌에 속해 있으며, 그 상이한 강조점들을 통해 전통적인 비극 개념의 **미학적인 교질(交錯)**[2]을 완성하

---

* 이러한 의도를 포착하지는 못하고 있으나, 여전히 아르놀트 겔렌의 「비극의 구조」는 인용된 횔덜린의 글에 대한 인상적인 주석을 담고 있는 중요한 논문이다. Arnold Gehlen: *Gesamtausgabe*, 2권: *Philosophische Schriften II(1933-1938)*, Hg. von Lothar Samson, Frankfurt a. M. 1980, 199-213쪽 참조.

는 것입니다. 가령 이러한 구상은 괴테가 말년에 작성한 논문인 「아리스토텔레스 시학에 대한 고찰 (Nachlese zu Aristoteles' Poetik)」(1827)에서도 유사한 근본 경향으로 나타나고 있습니다. "엄격하게 비극의 구조만을 말하고 있는 아리스토텔레스가, 시종일관 자기의 대상에만 집중하는 그런 방식으로 어떻게 비극의 작용에 대해, 심지어 비극이 관객들에게 미칠 수도 있을 희미한 작용까지를 사유했겠는가? 그랬을 리 만무하다! [……] 그는 이러한 화해에 이르는 완결을 카타르시스의 개념을 통해 이해하면서, 이것이 무엇보다도 극작품에, 나아가 모든 문학작품에 요구된다고 보았다."* 아리스토텔레스에 대한 이 짤막한 에세이는 『파우스트』 1부와는 시기상으로 멀리 떨어져 있지만, 그와 같은 간극에도 불구하고 『파우스트』에서 비극의 구조와 미학적 의식이 어떻게 서로 관계하는가에 대한 실마리를 우리에게 제공해 주고 있습니다. 그리고 앞서 스케치해 본 횔덜린의 사유는 이와 같은 문제의식을 위한 중요한 참조점을 이루는 것입니다.

이제까지의 괴테 연구에서 횔덜린의 휴지 개념이 『파우스

* FA Ⅰ/22, 336쪽.

트』1부의 해석에 미치게 될 영향력을 탐색해 보려는 시도가 전무했다는 것은 놀라운 일이 아닐 수 없습니다. 「숲과 굴」장면에 집중하는 것, 또한 그 외의 장면들을 이 고정되지 않은 중심 주변에 배열하는 일은 정확히 횔덜린이 이야기했던 리드미컬한 분류에 상응하고 있는데도 말입니다. 핵심적인 장면들로 이루어진 아래의 도식은 그레트헨 비극의 대칭적인 (횔덜린식으로 말하자면 "둘로 나누어진 부분들이 균형을 이루는) 짜임새를 분명하게 보여주고 있습니다.

1) 거리

2) 저녁

3) 산책

4) 이웃 여자의 집

5) 거리

6) 정원(정자)

7) 숲과 굴

8) 그레트헨의 방

9) 마르테의 집 정원

10) 우물가

11) 성 안 골목

12) 밤

13) 대성당

위의 도식이 보여주고 있듯이, 「숲과 굴」 장면이 그레트헨 비극에서 정확히 가운데에 위치해 있다는 사실을 외면하는 해석은 당연히 불가능할 수밖에 없습니다.* 작품의 구성을 가만히 살펴보게 되면, 누구든 위에서 강조 표기되지 않은 장면들이 서로 대칭적인 관계를 맺고 있음을 곧장 알 수 있는 까닭입니다. 이러한 구성 원리는 서로 대조되는 관계성을 드러내는데, 이를 통해 우리는 극적인 사건의 방향성을 짐작할 수 있게 됩니다. 예컨대 「거리」(1)에서 그레트헨은 참회해야 할 것이라고는 전혀 없는 상태로 예배당을 나서는데, 바로 그 순간 그녀는 자신에게 대담하게 말을 걸어오는 파우스트와 처음으로 마주하게 됩니다. 여기에 대응하는 장면인 「대성당」 (13)에서 그녀는 다시금 예배당 안에 자리하는데, 다만 이제는 죄 지은 몸으로 공공의 도덕에 의해 손가락질 받는 신세가되어 있습니다. 또한 마찬가지로 「저녁」(2)과 「밤」(12)에서, 열렬한 유혹의 시작은 안타까운 발걸음이 되어버린 만남과

---

* 　무엇보다도 다음의 정밀한 해석을 참조해 볼 것. Harold Jantz: *The Form of Faust. The Work of Art and Its Intrinsic Structures*. Baltimore 1978, 특히 92-126쪽을 볼 것.

대조됨으로써 대응 관계를 만들어 내고 있는 것입니다. 이런 식의 평행한 배치는 대부분 가파른 대조―상반되는 것으로 향하는 의미론적 급변―를 그 주된 효과로 삼게 마련입니다. 「저녁」에서 그레트헨은 꿈결에 젖은 채, 사랑하는 왕에게 황금의 잔을 보내는 "연인(Buhle)"을 노래하지만, 「밤」에서는 완연한 "매춘부(Buhle)"(3671)가 되어 버리고 맙니다.[3] 때문에 메피스토의 세레나데(3682-3697)는 냉소적이고 빈정대는 투로, 언젠가 그레트헨이 노래했던 정절과 도덕을 유혹과 기만으로 비틀고 있는 것입니다. 이렇듯 상호적으로 관계를 맺는 요소들을 성찰함으로써, 우리는 비극적 아이러니의 경험에 도달하게 됩니다.

장면들이 거울상을 이루게끔 배치하는 이러한 기법은 비극적인 실체에 보다 깊이 관여하며, 의미의 전환을 간명한 사례들을 통해 알 수 있게 해줍니다. 「저녁」 / 「밤」 (2/12)의 대립 관계에서 두 장면 사이에는 극적 사건 전체를 은밀하게 좌지우지하는 하나의 의미론적인 네트워크가 배치되어 있습니다. 저는 이것을 **성애 관계의 경제**로 부르고자 하는데, 그레트헨이 부르는 노래인 「툴레의 왕」만 보아도 이미 보물(황금의 잔)을 둘러싼 신비의 순환이 지시되고 있습니다.[4] 최초의 유혹이 전개되는 과정도 그레트헨의 방 안의 "성소"(2733)에 보석 상자를 밀어 넣는다는 강렬한 성적 함의로 구성되어 있습니다. 「밤」 장면에서는 파우스트가 헌신적인 사랑의 대가로 그의 연인에게 "장신구"나 "반지"를 주려 하자, 메피스토펠레스가 애정 관계의 경제적 차원을 힘주어 강조하면서, 그저 "공짜로" 즐기라며 충고를 합니다(3677). 그런가 하면, 발렌틴의 등장마저도 실제로는 경제적인 모티브에서 비롯되고 있습니다. 그레트헨을 꾀어내는 파우스트의 행동은 발렌틴의 입장에서는 그의 상징적 자산(그레트헨의 순결한 미덕)을 강탈하는 것이나 마찬가지이며, 따라서 군인들의 눈에 비친 발렌틴은 그야말로 파산한 것이나 진배없는 상태가 되어버리는 것입니다.*
발렌틴은 이렇듯 경제적으로 재단된 도덕의식에 그의 정체성을 온전히 의탁하고 있으며, 그로 인해 복수를 감행하고 끝내 죽음에 이르고 맙니다. 마지막 순간에 발렌틴이 뚜쟁이 노릇을 한 마르테에게 내뱉는 저주는 관객들로 하여금 파우스트와 그레트헨의 관계를 근본적으로 상기하게끔 만들어 주고 있습니다.[5] 이러한 극적 사건의 핵심적인 궤도를 기초하고 있는 저 사랑의 전사(前事)가 다름 아닌 마르테와 메피스토펠레

---

* "형편없는 빚쟁이마냥 주저앉은 채,/아무런 말만 들렸다 하면 진땀을 빼는구나!"(3642-3643)

스 간에 이루어진 **교환적 계약의 결과**였다는 사실 역시, 우리가 『파우스트』를 이해하기 위한 더없이 중요한 의미로 자리하고 있습니다. 「이웃 여인의 집」 장면에서 이들 동업자들 간의 의기투합이 이루어집니다. 메피스토펠레스는 마르테의 남편이 죽었다는 사실을 증언해 줄 증인(파우스트)을 추가로 데려오기로 하고, 그 대가로 마르테는 그 자리에 그레트헨을 불러냄으로써 유혹이 시도될 수 있도록 만들어 주겠노라 약속합니다(3008-3020). 어린 소녀의 생생한 육체를 대가로, 마르테는 남편의 죽음에 대한 (거짓된!) 증언을 얻게 됩니다. 그런 점에서 그레트헨이 "상품"으로 취급되고 있다는 게르하르트 카이저의 단언은,* 그 편파성으로 인한 한계에 못지않은 상당한 설득력을 지니고 있는 것입니다. 물론 『파우스트』를 지배하는 경제적인 관계의 특수한 비극적 차원을 밝혀내기 위해서는 이 거래의 계약을 보다 내밀한 차원에서 살펴볼 필요가 있습니다. 작품에 나타나고 있는 것은 단순한 금전적 이해득실이 아니기 때문입니다. 여기에서 두 뚜쟁이 남녀의 야합은 악마적-마법적 과정들을 동반하며, 삶과 죽음을 교환하고, 살아 있는 육체를 거짓의 표식과 맞바꾸고 있습니다. 즉 이 장면

---

* Gerhard Kaiser: *Wanderer und Idylle. Goethe und die Phänomenologie der Natur in der deutschen Dichtung von Geßner bis Gottfried Keller.* Göttingen 1977, 46쪽.

은 메피스토펠레스가 유사한 방식으로 여성적인 조력을 요청했던 마녀의 주방과 연속선상에 놓여 있으며,[6] 그럼으로써 둘 사이에 이루어지는 계약은 곧 지옥의 계약이 되는 셈입니다. 이 계약서에는 희생 제물을 요구하는—그리고 이것은 비극의 핵심적인 동기입니다—조항이 포함되어 있습니다.

휴지를 통해 부각되는, "균형을 이루는" 부분들은 시간에 따라 정돈된 사건의 순서들이 켜켜이 쌓이는 전형적인 배열을 드러내게 되는데, 이를 통해 의미의 전도가 만들어 내는 비극의 논리적 순환이 가시화됩니다. 이러한 가시화는 어떻게 횔덜린의 미학적 숭고와 만나는 것일까요? 이 질문을 경유하여 「숲과 굴」 장면을 관찰함으로써, 우리는 횔덜린이 관객의 측면에서 해명하려 했던 의식의 이동이, 『파우스트』에서는 표현 대상의 차원에서 다루어지고 있음을 발견하게 됩니다. 휘몰아치던 사건의 연쇄가 중단되고 극적인 행위가 정지하는 시점에서, 파우스트는 끊임없이 그를 자극하던 메피스토펠레스로부터 잠시 떨어지는 한편, 자기 자신 그리고 자기를 둘러싼 세계와 거리를 두는 관계를 획득하는 것입니다.

숭고한 영이여, 너는 내가 원하던 것을

모조리 내게 주었다. 네가 불 속에서

너의 얼굴을 내게 보여 준 것도 허사가 아니었다.

화려한 자연을 내 왕국으로 주었고,

그것을 느끼고 즐기는 힘도 주었다.

단지 냉정하게 눈을 부릅뜨고 볼 것을 허락해 주었을 뿐만 아니라,

다정한 친구의 품속과 같이 자연의 품속을

깊숙이 들여다보는 은혜를 내게 베풀어 주었다.

너는 살아 있는 것들의 대열을 인도하여

내 앞을 지나가고 조용한 숲과 공중과

그리고 물속에 사는 내 형제들을 만나게 해 주었다.

비바람이 숲속에서 요란히 울고

전나무 거목이 쓰러지며 이웃 나무의

가지와 허리통을 꺾으며 쓰러뜨리고

그 소리에 언덕도 둔하게 망망히 메아리칠 때면

너는 나를 안전한 동굴로 인도하여

내 스스로를 돌아보게 하였었다. 그러면 내 스스로의 가슴 속에는

남모르는 기적이 드러나곤 하였던 것이다.

그리고 때로는 내 눈앞에 맑은 달빛이

마음을 달래 주듯 떠오르면 암벽이나

이슬에 젖은 덤불 속에서

전설의 세계에서나 나옴직한 은빛 모습들이 떠올라

바라봄의 준엄한 욕구를 달래 주었던 것이다.(3217-3239)

자기 자신과 자연을 대하는 파우스트의 태도에는 관객이
갖게 될 미학적 태도와 더불어, 이제부터 살펴보게 될 괴테 자
신의 미학적 태도가 함께 반영되고 있습니다. 위의 모놀로그
는 하나의 장면 안에 "살아있는 것들의 대열"(3225)과 "전설
의 세계에서나 나올 법한 은빛 형상들"(3238)이라는 두 방향
성을 담아내고 있는데, 이것들은 각각 형언할 수 없는 자연
에 대한 상이한 표현들을 드러내고 있습니다. 「밤」 장면(460-
513)에 등장했던 지령의 압도적인 직접성은, 여기서는 자연의
피조물들에 의해 매개된 관계로 물러납니다. 이 대목을 주도
하고 있는 의식의 태도는 관조, 즉 아무런 이해 관심 없는 "바
라봄"이며, 우리는 그것을 신중한 약강격으로 구성된 마지막
부분에서 찾을 수 있습니다.[7] 중심을 이루고 있는 이 바라봄
은 물론 "냉정하게 눈을 부릅뜨고 보는 것"이 아니라, 어떠한
방향성을 지닌 시선이라는 의미를 포괄하며 사용되고 있습
니다. 즉 저 바라봄의 행위에 내포된 친화성과 친연성["다정한
친구의 품속과 같이 자연의 품속을/깊숙이 들여다보는 은혜"—옮긴

이]의 의미는 오히려 과학적인 탐구의 함의를 지니고 있으며, "영원히 창조하는 자연을 바라봄으로써, 우리가 우리 스스로를 자연의 생산에 정신적으로 참여할 수 있게끔" 만들 수 있음을 뜻하고 있는 것입니다.[*]

과거의 연구들에서 인용된 대목을 바라보는 관점은 대개 지령을 불러내는 장면과의 연관성에 붙들려 있었습니다.[**] 때문에 우리는 횔덜린의 휴지 개념을 경유함으로써, 위의 행들에 제시된 "바라봄"의 의식구조가 갖는 진정한 극적 위상을 밝혀낼 필요가 있습니다. 작품의 전체 진행 가운데서도 특히 중요한 순간이라 할 수 있을 이 대목에 대한 이해는, 지금까지의 연구에서는 그다지 주목받지 못했던 한 출처를 경유함으로써 보다 수월하게 수행될 수 있습니다. 그것은 바로 1788년 발표된 칼 필립 모리츠(Karl Philipp Moritz)의 「아름다운 것의 형성적 모방에 대하여(Über die bildende Nachahmung des Schönen)」로, 괴테와 함께 이탈리아에 체류할 당시 작성된 이 논문은 모리츠에게 있어 평생의 중요한 저작이 되었습니

---

[*]   FA Ⅰ/24, 448쪽(aus dem Aufsatz에서 *Anschauende Urteilskraft*, 1817).

[**]   das Kapitel "The Erdgeist and Mephisto" in: Eudo C. Manson: *Goethe's 《Faust》. Its Genesis and Purport*. Berkeley-Los Angeles 1967, 110-178쪽 참조.

다. 1789년에 괴테는 이 텍스트에 대한 풍부한 논의를 담은 서평을 출간합니다. 모리츠와의 동행을 회고하는 한편 위의 논문을 발췌해 재수록하고 있는 「두 번째 로마 체류(Zweiten Römischen Aufenthalt)」에서, 괴테는 저 미학적 이론의 얼개가 "우리의 대화로부터 비롯된" 것이었으며, "그 당시 떠오른 사유가 후에 발전되고, 음미되고, 적용 및 확장됨으로써 우리 세기의 사유 방식에 충분히 훌륭하게 도달했다"고 밝히고 있습니다.* 한편 『형태론에 대한 소고(Hefte zur Morphologie)』의 제1판에 수록된 「새로운 철학의 영향(Einwirkung der neuern Philosophie)」에서도, 괴테는 이탈리아에서 모리츠와 "예술 및 예술의 이론적 요구들"에 대해 나누었던 대화는 물론, "당시에 우리를 사로잡았던 흥미로운 난해함에 대해 오늘날까지도 여전히" 증언해 주고 있는 "짧막한 인쇄물"에 대해서도 언급[8]하고 있습니다.** 아울러 모리츠의 논문에서 사용되는 여러 은유들 역시, 그 사유의 전개 방식에서 괴테의 다른 텍스트들과 밀접한 연관을 드러내고 있는 것입니다.

---

* FA I /15/1, 572~573쪽.

** FA I /24, 442쪽.

그러므로 우리는 상술된 전기적 사실들을 근거로 삼음으로써 「아름다운 것의 형성적 모방에 대하여」를 정확하게 읽어 내는 것은 물론, 이 논문이 일종의 괴테와의 정신적 공동 서술이라는 가정에 이를 수 있을 듯 보입니다. 이러한 배후의 관계를 참조하면서, 그리고 「숲과 굴」의 시행들에 귀를 기울이며 아래의 문단을 읽어 보도록 하겠습니다.

이제 노력하는 힘들은 마침내 행복의 균형으로 돌아가고, 고요한 관조의 불안한 효과가 물러나게 된다. 처음으로 자기의 내부에 천착할 수 있게 된 인간의 내면에서, 의식은 필연적으로 자기 주변의 자연을 향해 눈뜨게 된다. 이 자연은 그것이 존재해야만 하는 자리에 결코 파괴되지 않는 것으로서 자리하며, 그것을 가능케 하는 자리를 보살피면서 존재한다.—인간은 점차 전체 속의 개별자를 향해, 그리고 전체에 대해 시선을 던지는 것을 배워 간다. 그는 수없이 많은 존재들이 여기저기에서, 가능한 한 스스로를 억압하지 않으면서도, 한편으로는 최대한 서로에게 다가가 맞닿고자 하는 저 거대한 관계들을 어렴풋하게 느끼기 시작한다.—그 순간 태고의 역사가 그의 가장 고요한 순간들 안에서 떠오르고, 인간의 생이 자아내는 놀라운 직조물 전체가 사방으로 뻗어나가 그의 눈앞에 펼쳐지게 된다.—그의 고요한 상상력이 비추어

주는 모든 것에서, 위대하고 고귀한 것은 그 자신의 내면에 어렴 풋하게 지각되는 척도에 따라 범속한 것과 결별하고, 밖으로 표 출되려 애쓰는 것이다.—*

우리는 여기에 나타난 중요한 접점에 주목해 볼 필요가 있 습니다. 모리츠가 묘사한 인간의 "고요한 관조"는 『파우스트』 에 등장하는 "바라봄"에 상응하는 것으로 보입니다. 이 바라 봄은 "살아 있는 것들의 대열"을 향하고 있으며, 이로써 살아 숨 쉬는 존재들이 만들어 내는 자연의 질서는 생동하는 탐구 로서의 관조적 의식(3226) 앞에 펼쳐지게 됩니다. 이러한 과 정은 모리츠에게서도 유사하게 나타나는데, 여기서는 관조의 주체가 "전체 속의 개별자"를 인식하는 것을 "배워 가는" 것 입니다. 파우스트의 눈앞에 떠오르는 "태고의" "은빛 모습들" 은, 파우스트의 바라봄이 향하는 이차적인 대상을 형성합니 다. 만약 우리가 "상상력"(다시 말해 고정되지 않은 것)에게 그 형상을 보여주는 "태고"에 대한 모리츠의 출처를 발견하지 못했다면, 저 이차적인 대상의 형성이 갖는 의미는 모호한 것 으로 남겨져 있었을 것입니다. 괴테는 물론 모리츠에게서도,

*   Karl Philipp Moritz: *Über die bildende Nachahmung des Schönen*, in: *Werke in zwei Bänden*. Frankfurt a. M. 1997, 2권, 980쪽.

이야기와 예술에 의해 내면화된 형상의 세계는 핵심적인 문제로 다루어지고 있습니다. 파우스트에서 태고의 상(像)들이 "바위벽에서" 또는 "빽빽한 숲으로부터" 흘러나오는 것은, 우리가 참조하고 있는 논문의 다른 부분에서 다음과 같이 설명되고 있습니다. "왜냐하면 태고의 세계에서 발견되는 모든 것은 자연의 영역에 녹아들며, 그것들과 더불어 **하나**가 되고, 그것들과 합일됨으로써 우리에게 조화로운 영향을 미치는 것이다."*

우리가 인용한 부분은 '인간'을 주제로 삼고 있지만, 「아름다운 것의 형성적 모방에 대하여」는 인간의 의식이 만들어 낸 탁월한 형식의 글쓰기 역시 다루고 있습니다. 결국 모리츠는 자기의 고유한 행위의 힘(생동하는 그의 존재가 만들어 내는 활동적인 토대)과 전체 자연 간의 친화성을 따르는, 그리하여 모호하게만 직감되는 저 관계를 즉자적으로 또 대자적으로 일깨우고자 하는 충동으로 가득한 천재에 대해 이야기하고 있는 셈입니다. "우리를 둘러싼 커다란 전체의 관계들은, 말하자면 우리의 신체 기관들을 접점으로 계속해서 우리와 조우

---

*   같은 책, 981쪽.

하게 된다. 우리가 저 커다란 전체를 우리 안에서 어렴풋하게 느낌으로써, 그러나 다만 그것이 그 자체로 **존재하지는** 않는 한에서 말이다. 저 전체에 속한, 우리의 존재 안에 직조되어 있는 관계들은 어디에서나 다시금 확장되기 위해 애쓰고 있다. 신체의 기관은 모든 방면으로 뻗어 나가 무한에 이르도록 확장되기를 꿈꾸는 것이다. 그럼으로써 그것은 단지 자신을 둘러싼 전체를 반영하는 바로서만이 아니라, 그 스스로가 최대한 전체로서 존재하고자 한다."* 무엇보다도 여기에서 우리는 라이프니츠에게로 되돌아가는 복잡한 형이상학적 배경을 엿볼 수 있습니다. 특히 모리츠가 인간의 근본적인 동기로 구상했던 **전체를 향한 열망**의 상태는 대단히 중요합니다. 유한한 현존재는 감각적으로 ("어렴풋하게") 전체와 관계를 맺고 있지만 분명 전체와 동일하지는 않으며, 이렇듯 직접적인 관계를 형성할 수 없다는 사실로 인해 우리가 처음 인용했던 부분에 언급된 저 "불안한 효과"가 싹트게 됩니다. 그러나 애석하게도 이 "도처에 만연한 파괴적인 활동력"은 영원히 해소될 수 없으며, 그리하여 "불안"과 "전체를 향한 열망"은 파우

---

* 　같은 책, 979쪽.

스트의 형상에 더없이 꼭 들어맞는 묘사가 됩니다.* 그리고 이로써 마침내 「숲과 굴」 도입부에 제시된 독백의 필요성을 뒷받침해 주는 포괄적인 동기부여의 맥락이 드러나게 됩니다. 모리츠식으로 말하자면, 이를 통해 "고요한 관조의 불안한 효과가 물러나는" 것입니다. 전체로서 자리하는 자연의 질서와 과거의 아름다운 작품들이 그 합법칙성 안에서 드러나는 이러한 "바라봄"은, 만족할 줄 모르는 직접성의 충동에 일종의 대안을 제공해 줍니다. 모리츠는 이렇듯 "가장 고요한 순간들" 안에서 "부드러운 창조적 형성의 힘"이, 그리고 "아름다움"이 나타난다고 이야기합니다.**

여기서 괴테가 모리츠로부터 받아들인 것은 단순히 미학적-자연과학적으로 개념화된 대상들에 그치지 않습니다. 그는 모리츠로부터 관조, 형상화, 자연법칙과 아름다움에 대한 직관뿐만이 아니라, "불안한 효과"와 "도처에 만연한 파괴적인 활동력"까지도 경유하는 의식적 단계들의 개념을 받아들

---

* 파우스트가 처음으로 등장하는 「밤」 장면의 무대 지시는 그가 "책상 앞 의자에 안절부절못하고 앉아 있다"(354 이전)고 묘사한다. 또한 그를 부추기는 열망은 다음의 질문을 통해 부각되고 있다. "내 어디에서 너를 붙들 수 있는가, 무한한 자연이여?"(455)

** Moritz: *Werke*, 2권, 980-981쪽.

입니다. 「숲과 굴」 장면은 이러한 견지에서 그 **극적인** 의미를 갖게 되는데, 이 장면에서 파국을 향해 가던 사건의 진행이 중단되는 것은 요컨대—휴지가 제공하는 한숨 돌릴 여유 가운데에서—존재 전체를 향하는 일종의 미학적인, 또한 당연하게도 형성적인 관계를 분명하게 제시하기 위함인 셈입니다. 한편, 이로써 끝없이 파멸로 치닫는 「숲과 굴」의 비극적 사건 진행이 **미학적 의식에 대한 거부**에 근거하고 있음이 보다 분명해지게 됩니다. 이러한 거부는 장면의 후반부에 제시되는데, 메피스토펠레스는 여기에서 미학적인 의식을 도발적인 조롱으로 부정해 버립니다.[9] 말하자면 "순수하고 순결한 바라봄이 확장된 실제적 현존재에 대한 그의 (인간적인) 갈망을 대신해 줄 수는 없다"는 모리츠의 개념화된 서술을,* 후반부의 이 장면은 극적인 방식으로 보여주고 있는 것입니다. 여기에 사용된 철학적인 술어는 다소 불투명한 데가 있습니다만, "확장된"이라는 말은 **연장**(res extensa), 즉 물질적인 사물의 세계를 의미하는 것으로 볼 수 있을 것입니다. 말하자면 전체를 향한 열망, 그러니까 미학적-자연과학적 관조로는 만족될 수 없는 저 열망이, 이제 자기 안의 갈증을 유한한 존재를 움켜쥐

---

* 같은 책, 980쪽.

는 것으로 해소하려 하는 것입니다. 그리고 비극의 씨앗은 바로 이러한 선택에 깃들게 됩니다.

크리스토프 멘케(Christoph Menke)가 횔덜린의 비극론을 다루며 썼듯이, 휴지란 "그것을 통해 사건의 비극성에 대한 경험이 사건 안으로 침입하는 비극의 요소"입니다.* 파국을 피할 수 없다는 필연성은 사건에 깃들어 있는 비극성을 통해 느껴지게 됩니다. 휴지라는 고정되지 않은 중심에서, 다시 말해 관객의 시선이 더는 사건들을 따라가지 않게 되는 순간에, 관객들은 각자에게 주어지는 미학적 의식의 거리를 통해 몰락의 불가피성을 감지하게 되는 것입니다. 물론 『파우스트』에서는 이러한 비극적 인식이 파우스트 자신 안에서 나타나고 있다는 중요한 차이점이 있긴 하지만, 그럼에도 불구하고 「숲과 굴」은 정확히 이러한 설명에 상응하는 장면이라 할 수 있습니다. 「숲과 굴」 장면의 마지막 부분에 배치된 긴 독백이 갖는 극적인 위상 역시 동일한 맥락에서 이해될 수 있으며, 여기에서 파우스트는 자신과 그레트헨의 운명이 될 광경들을

---

* Christoph Menke: *Die Gegenwart der Tragodie. Versuch uber Urteil und Spiel*, Frankfurt a. M. 2005, 113쪽. 횔덜린의 휴지 개념에 대한 나의 관심은 전적으로 멘케의 논의에 영향을 받은 것이다.

마주하게 됩니다.

> 나는 도망자가 아니냐? 집조차 없는 놈이 아니냐?
> 목적도 안식도 모르는 비인간이며
> 말하자면 바위에서 바위로 내리닫는 폭포수가
> 미치광이처럼 날뛰며 나락 속으로 떨어지는 것이나 마찬가지다.
> 그런가 하면 그 애는, 어린애처럼 어렴풋한 마음으로,
> 알프스 초원 한구석의 오막살이 안에서,
> 오만가지 집안일에
> 그 협소한 작은 세계 안에 머물러 있다.(3348-3355)

여기에 드러나는 것은 자연과 예술의 법칙이 아니라, 파멸을 희구하는 동시에 그것이 강제되고 있는 비극적인 열망의 합법칙성입니다. 그리하여 형상의 아름다움과 그 내용이 만들어 내는 긴장, 또는 미학적인 의식과 비극적인 사건 간의 긴장이 무엇보다도 강렬해지게 되는데, 왜냐하면 이러한 긴장들이 줄곧 파우스트라는 동일한 의식에 의해서만 전달되고 있기 때문입니다. 그러나 다름 아닌 이 긴장이야말로—횔덜린의 고찰이 보여주었듯이—비극적 형식의 근본적인 요소라 할 수 있습니다. 그리고 우리는 이러한 점을 고려함으로써,

「풍취 좋은 고장」 장면에서 의미심장하게 반복되는 폭포의 형상을 비극 자체에 대한 일종의 엠블럼으로 이해할 수 있게 되는 것입니다.

이 장면을 끝으로 관객의 의식과 중심인물의 의식은 다시금 멀어지게 됩니다. 저 독백은 파우스트가 비극적 사건의 계속되는 필연성을 스스로의 운명으로 받아들이고, 미학적 성찰을 그만두는 순간에 끝이 나게 됩니다. 그의 성격에 깃든 악마성이—모리츠식으로 말하자면 "도처에 만연한 파괴적인 활동력"이—다시금 활력을 얻고, 바라봄의 작용은 "확장된 실제적 현존재를 향한 갈망"에 또다시 자리를 내어 주는 것입니다. 이 대목에서 아이스퀼로스의 코러스가 노래했던, 아가멤논이 이피게네이아를 희생시키기로 결심하는 그 순간이 다시금 되돌아오게 됩니다. "그가 필연의 멍에를 걸머질 때, / 가슴 속에는 죄 많은 숨결이 맺히네."* 그러나 인간의 결정과 필연의 요구가 분리될 수 없게끔 뒤얽혀 있는, 전형적인 비극의 주제라 할 수 있는 이러한 교차점을 만들어 내는 것은 다

---

* Aischylos: *Die Orestie*. Übers. von Emil Staiger. Stuttgart 1987, 11쪽. 비극적 필연의 개념에 대해서는 Bernard Williams: *Shame and Necessity*. Berkeley—Los Angeles—London 1993, 132-137쪽을 참조할 것.

름 아닌 파우스트 자신입니다. 『파우스트』가 보여주는 드높은 성찰의 높이는 바로 이 지점에서 엿보이고 있는데, 여기서는 다름 아닌 비극의 중심인물이 자기 자신의 행위에 깃든 비극성을 스스로 인지하고 있습니다. 말하자면 소녀의 희생을 필연적인 요구로 여기고 있는 독백의 마지막 부분은, 비극이라는 장르에 대한 이러한 통찰에 근거함으로써 구성되고 있는 것입니다.

> 지옥이여, 그대는 이런 희생을 필요로 했단 말이냐!
>
> 악마여, 제발 이 공포에 찬 시간을 짧게 해 다오!
>
> 아무래도 일어날 일이면 당장에 일어나기를!
>
> 그 애의 운명이 내 머리 위에 허물어져 내려와
>
> 나와 함께 망하는 한이 있더라도 좋다.(3361-3365)

1   여기서는 'paaren'을 '맺어지다'로, 'Zorn'을 '격정'으로 옮겼으나, 이것
    만으로는 충분한 의미가 전달되지 않음을 밝혀둘 필요가 있을 듯하다.
    일반적으로는 인용된 부분이 「오이디푸스에 대한 주석」에 속해 있는 것
    을 근거로 의미를 한정하는 것이 보통이지만, 이것을 비극 일반에 대한
    횔덜린의 개념으로 보게 되면, 'paaren'은 단순한 관계 형성이나 성적인
    결합은 물론, 주로 인간의 오만(hybris)에 근거한 일방적인 동일시까지를
    포괄하게 되며, 'Zorn' 역시 분노 혹은 격노, 다툼(가령 Joseph Suglia의 예
    를 보면 "im Zorn"을 "im Zorn—in einem Kampf—"로 부연하여 인용하고 있
    다. *Hölderlin and Blanchot on Self-sacrifice*, Peter Lang 2004, 15쪽.), 또는 앞
    장에서 설명되었던 비극적 격정(Affekt)까지도 두루 망라하는 의미를 지
    니게 된다. 이러한 다층적인 의미가 참조될 때에야, 비로소 '합일'과 '분
    리'의 연쇄에 대한 횔덜린의 강조가 더욱 명확한 비극 일반에 대한 해명
    으로 이해될 수 있을 것이다.

2   여기에 사용된 '교질(交迭)'이라는 말은 '서로 돌아가며 바꾸어 대신하
    다'의 의미를 갖는데, 일상적으로 잘 쓰이지 않는 이 말을 부득이하게 선
    택한 것은 원문의 'Umbesetzung'이 '성좌(Konstellation)'의 순차적인 움직
    임을 의미하는 비유적 의미로 사용되고 있는 까닭이다.

3   단어 자체의 의미만으로는 정부(情婦)정도로 옮기는 것이 타당하겠으나,
    문맥상 '매춘부'로 옮겼다. 이 대목에서 파우스트는 그레트헨의 마음을
    보석과 패물로 사려고 들고 있다.

4   "옛날 툴레에 왕이 있었다네./사랑하는 애인이 죽으면서 왕에게/황금
    잔을 주었는데,/왕은 죽을 때까지 그 잔을 간직했다네./(......)/왕은 잔이
    바다 속으로 떨어져/물을 마시고 깊이 가라앉는 것을 바라보았다네./눈
    꺼풀이 내려앉고/더는 한 방울도 마시지 못했다네."

5   "이 뻔뻔스런 뚜쟁이 년./네년의 말라빠진 몸뚱이를 실컷 두들겨 팰 수
    있다면!/그러면 내 죗값을/치르고도 남을 텐데 말이다."(3766-3769)

6   "왜 하필 노파란 말인가?/너는 제 손으로 마법의 물약을 끓일 줄도 모르
    느냐?"(2366-2367)는 파우스트의 질문에 대해, 메피스토펠레스는 "마녀
    에게 그것을 가르친 것은 악마이지만/악마 혼자서는 만들 수가 없으니
    다."(2376-2377)라고 답하며 마녀의 조력이 반드시 필요하다고 강조한다.

7   괴테는 『파우스트』에서 시행의 운율을 통한 분위기 조성을 적극적으로
    활용한다. 이를 가장 잘 드러내는 것이 「천상에서의 서곡」 장면인데, 여
    기에서 메피스토는 신이나 천사들과 달리 엄숙하고 장중한 시행 운율의
    구성을 의도적으로 파괴하는 방식으로 말을 하고 있다.

8   "예술 및 예술의 이론적인 요구들에 대해서 모리츠와 나는 로마에서 많
    은 대화를 나누었다. 오늘날에도 여전히 한 편의 짤막한 인쇄물을 통해
    당시에 우리를 사로잡고 있었던 흥미로운 난해함에 대해 알 수 있다."

9   "그 고상한 직관이라는 것이 그러니까―/(어떤 몸짓을 한다)/제 입으로 말
    하긴 그렇지만, 뭐―이렇게 끝나는 것이겠지요."(3291-3292) 여기서 '어
    떤 몸짓'은 성행위를 표현하고 있다.

비극적 부정성과 정당화

Tragische Negativität und Rechtfertigung

비극적 부정성과 정당화

이 장에서 이야기할 주제는 『파우스트』의 절정에 해당하는 부분으로, 우리는 여기에서 전개되는 사건들에 의해 작품 전체의 서사적 구상이 실현되고 있음을 확인해 볼 수 있을 것입니다. 이러한 주제에 **부정성과 정당화**라는 제목을 붙인 까닭은, 이 두 가지 개념들이 『파우스트』의 전체적인 의도를 효과적으로 규정해 주고 있기 때문입니다. 그러니 우선은 「감옥」 장면에서 인용한 아래의 대목에서 명료하게 드러나는 부정성의 개념으로부터 논의를 시작해 보도록 하겠습니다.

마르가레테:

사형대로 저는 벌써 끌려왔군요.

벌써 저마다의 목덜미를 움츠러들게 하네요.

저의 목을 겨누고 꺼내질 칼날이 말이죠.

세상이 온통 무덤처럼 입을 다물었군요!

파우스트:

아, 차라리 내가 태어나지 않았더라면!(4592-4596)

날카로운 어감의 동사 'zückt'를 통해 첨예화되고 있는 그
레트헨의 음성적인 제스처는, 이내 침묵 속으로 거칠게 떨어
져 내립니다.[1] 사형이 집행되는 광경, 그리고 그 후에 찾아올
무덤가의 적막함과 동일한 효과가 여기에서 환기되고 있는
것입니다. 이처럼 그레트헨의 목이 떨어지는 순간을 대담하
게 그려냄으로써, 괴테는 저 죽음의 순간이 관객들에게 당면
한 현재로 받아들여지도록 만들고 있습니다. 물론 이 장면이
상정하고 있는 최우선의 관객은 다름 아닌 파우스트이며, 그
는 스스로에게 닥쳐온 소름 끼치는 죽음을 증언하는 그레트
헨의 말을 통해, 그녀가 겪고 있는 가혹한 고통이 자기에 의
해 초래된 것임을 깨닫게 됩니다. 따라서 우리는 이 장면의 의
미가 단순한 허상에 국한되는 것이 아니며, 파우스트의 의식
을 허물어뜨리고 있는 비극적인 사건 전체에 걸쳐 있다고 말
할 수 있습니다. 이러한 배치는 비극적 양식을 구성하는 데 있

어 대단히 탁월한 요소로 기능합니다. 말하자면 파우스트는 단지 소름끼치는 인상을 받는 데에 그치는 것이 아니라, **자기 자신의 죄를 깨닫는(anagnorisis)** 것입니다. 이 장면에서 파우스트는 자기가 내린 결정에 의해 촉발된 일련의 사건들이 어떠한 귀결에 이르는가를 대면하게 되는데, 달리 말하자면 그가 마주하는 이 귀결은 「숲과 굴」에서 암시되었던 비극적 희생 제의가 실제로 집행되는 순간이기도 합니다. 이 견디기 힘든 대면은 파우스트로 하여금 모든 살아 있는 피조물들을 마치 하나의 무덤 안에 존재하는 것인 양 받아들이도록 몰아가며, 그 끝에서 그는 마침내 "아, 차라리 내가 태어나지 않았더라면!"이라고 절규하는 것입니다.

이로써 우리는 다시금 장르 개념의 맥락을 드러내는 지점들과 만나게 됩니다. 파우스트의 저 절규는 비극이 자아내는 부정성이 이 대목에서 극단에 이르고 있음을 보여 주기 때문입니다. 「콜로노스의 오이디푸스」에서 고뇌에 사로잡힌 오이디푸스에게 코러스가 내렸던 판결은 여기서도 중심인물에게 언도되고 있습니다.

아예 태어나지 않는 것, 그것이야말로

다른 무엇보다도 좋은 일일지니.*

앞서 살펴보았듯이 「성문 앞」의 '충전의 잔' 에피소드는
『오이디푸스 왕』의 첫 장면에 대한 복잡한 가공의 결과물이
었습니다. 세계로 나아가는 학자의 발걸음은 소포클레스에
서 비극적 전개의 전환점들로 주어졌던 역병과 살인을 동일
한 교차점으로 삼음으로써 시작됩니다. 그리고 이제 우리는
『파우스트』1부의 결말부에서, 비극적인 **깨달음**(anagnorisis)
이「콜로노스의 오이디푸스」의 변용을 통해 의미심장하게 드
러나고 있음을 확인하게 됩니다. 즉 이 부분의 인용은 위대한
전범의 은밀한 차용이 아니라, 작품이 갖는 비극적 성격을 강
조하기 위해 명백하게 드러나도록 배치된 장르의 표식인 셈
입니다. 혹은 이렇게도 말할 수 있을 것입니다. 소포클레스를
차용하는 것은 문자 그대로 "관습적인" 선택이라 해도 과언
이 아니었다고 말입니다. 여기에 등장하는 극적 사건의 요소
와 인물의 의식은 진정한 비극적 결말에 요구되는 조건들을
충족시키고 있으며, 그럼으로써 그레트헨의 감옥 안에서 비

---

* Sophokles: *Ödipus auf Kolonos*. Übers. von Wolfgang Schadewaldt. Hg. von Hellmut Flas-
har. Frankfurt a. M. 1996, 71쪽(1225~1226행).

극적 사유가 실현되도록 만들고 있습니다. 이러한 해석은 고대 비극 모델을 새롭게 해야 한다는 요청을 강령적으로 강조했던, 괴테 시대의 다른 극작품들과의 비교를 통해 뒷받침될 수 있을 것입니다. 쉴러의 『메시나의 신부』(1803)에서 주인공은 스스로의 "끔찍한 행위"(형제 살해, 친누이를 향해 품은 사랑)를 깨닫는 순간 정확히 이렇게 외치고 있습니다. "나를 낳은 그날이여, 저주를 받을지어다!"*

괴테와 쉴러에게서 나타나고 있는 **비극의 시행**은** 인간의 의식에 대한 19세기의 세 가지 중요한 철학적 해석의 경향들과 관계를 맺고 있습니다. 이 대열의 서두에 등장하는 것은 쇼펜하우어로, 그는 비극의 시행들에 대한 칼데론의 변주를 언급합니다. "주인공의 속죄가 그가 저지른 어떤 죄가 아니라 물려받은 죄를 대상으로 한다는, 다시 말해 존재 자체의 죄를 대상으로 한다는 것에 대해 사유하는 것, 비극의 참된 의미는 여기에 존재한다.

---

*   Schiller: *Werke und Briefe*, 5권, 372쪽(2470행).

**   Heinrich Meier: *Über das Glück des philosophischen Lebens. Reflexionen zu Rousseaus《Rêveries》 in zwei Büchern*, München 2011, 167쪽.

Pues el delito mayor

Del hombre es haber nacido.

(거기에 인간의 가장 큰 죄

있도다, 그가 태어난 그곳에.)

칼데론은 단적으로 이 지점을 가리키고 있다."* 비관주의
의 색채를 띠는 쇼펜하우어의 해석은 그가 인용하는 시행 자
체를 비극 장르의 궁극적 의미에 대한 표현으로 끌어올리
고 있습니다. 그는 형이상학적 의지가 새겨진 삶의 자기 분
리로 인해 나타나는 고통을 비극이 보여 준다는 것이야말로,
비극이 인간 사회에서 갖는 의의라고 설명합니다. 이때 생겨
나는 관객의 반응인 체념을, 쇼펜하우어는 내적으로 실현되
는 의지에 대한 또는 존재에 대한 부정으로 보았습니다.[2] 반
면 파울 그라프 요르크 폰 바르텐부르크(Paul Graf Yorck von
Wartenburg)의 탁월한 논문 「아리스토텔레스 및 소포클레스의
『콜로노스의 오이디푸스』에 나타난 카타르시스(Die Katharsis
des Aristoteles und *der Oedipus Coloneus* des Sophokles)」는 그 요점

* Arthur Schopenhauer: *Die Welt als Wille und Vorstellung*, in: *Sämtliche Werke*. Hg. von
Wolfgang Freiherr von Löhneysen, Frankfurt a. M. 1986, 1권, 354–355쪽. 인용된 칼데론의
출처는 *Das Leben ein Traum*(1, 2).

을 비극의 시행으로부터 이끌어 내고 있지만, 쇼펜하우어와
달리 비극의 시행들을 특정한 역사적 의식의 형식으로 되돌
립니다. 코러스의 합창을 인용하면서 그는 다음과 같이 쓰고
있습니다. "이것은 신적인 힘이 운명의 형식들 가운데 나타난
다고 여기는 의식의 상태이다."* 요르크의 해석에 따르면 비
극 시행 안에는 일종의 절망이 표명되는데, 이는 비극의 의식
이 여전히 거기에 등장한 신적인 의식의 순수성에 미치지 못
하기 때문입니다. 쇼펜하우어와는 반대로 요르크는 비극 시
행이 보편적인 타당성을 지닌다고 보지 않았습니다. 오히려
그는 비극의 의식이 인간의 자기 이해가 거쳐 가는 특정한 발
전 단계를 반영하고 있다고 보았던 것입니다. 이와 같은 논쟁
적인 맥락에 결정적으로 개입하고 있는 세 번째 철학자는 다
름 아닌 니체인데, 그는 『비극의 탄생』에서 요르크의 논문을
검토하는 한편 그 핵심적인 사유를 "디오니소스적 지혜"로
급진화했습니다. 실레노스의 격언은 말하자면 이러한 '지혜'
가 구체화된 형태인 셈입니다. "최고의 상태는 너로서는 결코
도달할 수 없는 어떤 것으로 존재한다. 태어나지 않은 채로 존

---

* Paul Graf Yorck von Wartenburg: *Die Katharsis des Aristoteles und der Oedipus Coloneus des
Sophokles.* Berlin 1866, 21쪽. 인용된 문장에 대해 이루어지는 부연은 다음과 같다. "이
와 같은 신적인 의식에 속한 절망은 운명의 이념과 섭리에 대한 반대로부터 드러나
게 된다."

재하기, 존재하지 않기, 무로서 존재하기."* 이를 통해 니체는
비극 시행에 나타나는 부정성을 곧바로 현존재에 결부시킵니
다. 말하자면 비극이란 존재로부터 완전히 등을 돌리고 생의
가치를 의문에 부치는 의식적 과정이 되는 것입니다. 이것은
정확히 쇼펜하우어의 사유가 겨냥했던 바를 대변해 주는 것
이었지만, 현존재의 부정을 구성하는 요소들은 니체의 저작
에 이르러서야 비로소 정교한 논의의 대상이 되고 있습니다.
비극은 그 형식적 원칙을 극단화된 부정성에 두고 있으면서
도, 스스로의 사건 진행으로부터 삶에 대한 생산적인 긍정을
산출하는 결과를 동반하게 되는 것입니다. 즉 비극은 이로써
현존재의 거부를 통해 현존재의 가치를 보증하는 미학적인
형성 과정으로 이해될 수 있게 되었으며, 이것이야말로 미학
적 현상에 나타나는 저 악명 높은 공식, **세계와 현존재의 정
당화**의 진정한 의미라 할 수 있습니다. 니체는 쇼펜하우어에
반대하여 음악과 비극적 신화를, "'가장 추악한 세계'의 존재
자체에 대한 정당화"로 보았던 것입니다.**

---

*   Friedrich Nietzsche: *Sämtliche Werke. Kritische Studienausgabe in 15 Bänden*. Hg. von Giorgio Colli und Mazzino Montinari. München 1999, 1권, 35쪽.

**   같은 책, 47쪽, 154쪽.

이러한 개념들의 배치는 『파우스트』의 근간을 이루는 구상을 우리에게 보여주고 있습니다. 부정성, 정당화, 그리고 미학적 과정은 괴테의 비극을 구성하는 의미 공간의 좌표들인 것입니다. 노파심에서 말씀드리자면, 저는 이 자리에서 니체의 『비극의 탄생』을 참조하여 괴테의 『파우스트』를 해석하거나 하는 식의 접근을 시도할 의사가 전혀 없습니다. 오히려 제가 보여드리고자 하는 것은 니체로 대표되는, 세계와 현존재에 대한 정당화로서 비극의 프로세스를 이해하려는 특정한 입장들이, 다름 아닌 『파우스트』가 보여준 형식-의미론적 혁신을 그 역사적 전제들로 삼고 있었다는 사실입니다. 비극적인 프로세스를 정당화의 문제와 결부시킨 것은 니체가 처음이 아니었습니다. 이와 같은 사유의 결합은 오히려 18세기의 신정론 논쟁에서, 그리고 저 논쟁에 대해 괴테의 『파우스트』가 보여준 개입으로부터 물려받은 유산이었던 것입니다.

정당화 문제에 대해 『파우스트』가 취하고 있는 독특한 입장은 무엇보다도 「천상에서의 서곡」에서 찾아볼 수 있습니다. 이 장면은 아시다시피 「욥기」의 서두에 등장하는 신과 사탄의 내기를 변주한 것입니다. 이 장면은 작품의 1부는 물론 2부까지도 망라하는 모든 지상의 드라마를, 우리가 신과 메피스토펠레스 간에 벌어지는 형이상학적 대립에 대한 논증으로 바라보게끔 만들어 주는 역할을 수행하고 있습니다. 이런 액자형 구조가 비극 형식에 대한 우리의 문제의식에서 갖는 중요성은, 무엇보다도 앞에서 인용된 파우스트의 절규가 욥의 외침에서도 동일하게 울려 퍼지고 있다는 데에서 확인되고 있습니다. "그리고 욥은 말하였다. '내가 태어난 그날이 지워져 버렸으면!'"* 그런데 작중에서 이런 식의 텍스트 내적인 관계가 드러나는 곳마다, 우리는 연관된 구절들이 갖는 의미의 방향성이 상이하다는 사실을 확인하게 됩니다. 방금 말씀드린 부분의 경우를 보면, 두 외침은 각각의 작품 전체에서 그들이 차지하는 위상의 차이를 통해 서로 구별되고 있습니다. 성서의 문장은 욥의 고난이 시작되는 순간에 배치되어 있으며, 따라서 사건이 진행되어감에 따라 그것이 점차 극복될 것임을 보여주고 있습니다. 반면 『파우스트』에서 욥의 저 외침에 대응하는 문장은 비극적인 사건의 결말에서 내뱉어지며, 파우스트가 자신의 죄를 인식하는 순간이 다른 무엇보다도 두드러지게끔 만드는 기능을 수행하고 있습니다. 다시 말해 『파우스트』 1부의 결말은 「욥기」와 달리 신으로부터 멀어진, 절

---

* *Buch Hiob*, 3, 2-3. 욥의 절규로부터 울려 퍼지는 메아리는 앞에서 인용한 「메시나의 신부」에서 찾아볼 수 있다.

망의 언어로 (사실상) 끝맺고 있는 것입니다.

이에 못지않게 중요한 양자의 두 번째 차이점은, 각각의 장
면들이 드러내고 있는 쟁점들 간의 차이를 통해 확인될 수 있
습니다. 『파우스트』는 「욥기」처럼 신앙의 확고함을 시험대에
올리는 이야기가 아닙니다. 오히려 메피스토펠레스와 신 사
이에 발생하는 의견 충돌은 창조 자체가 갖는 가치를 둘러싸
고 이루어지기 때문입니다. 「천상에서의 서곡」에 등장하는
아래의 대목은 이 점을 분명하게 보여주고 있습니다.

주:

너는 항상 불평을 하러 오는 것이냐?

네가 보기에는 땅 위에 옳은 것이 정녕 없단 말이냐?

메피스토펠레스:

아뇨, 없고말고요! 저는 그곳을, 언제나처럼, 진심으로 혐오하고
있습죠.

비탄의 나날에 잠긴 인간들을 보면 언제나 동정심만 치솟으니

심지어 그 불쌍한 것들을 저까지 나서서 괴롭히고 싶지 않을 지
경이란 말입니다. (294-298)

보시다시피 메피스토펠레스는 여기서 "아니오"라는 말을 분명하게 덧붙입니다. 이 냉소적인 거절을 통해 그는 장면의 시작 부분에 등장하는, 창조 행위에게 바쳐지는 대천사들의 찬양에 명시적으로 반대하고 있습니다. 그런가 하면, 그는 그가 처음 모습을 드러내는 첫 번째 서재 장면에서도 이미 부정성의 변호인으로 등장합니다.

> 나는 언제나 부정하는 영이올시다!
> 그리고 그것은 옳은 일입죠. 왜냐하면 모든 싹튼 것이란
> 나락으로 떨어지기 위해 존재하니 말입니다.(1338-1340)

인용된 구절들은 메피스토펠레스적인 창조의 부정과 비극적인 형식이 어떻게 관계를 맺고 있는가를 보여주고 있습니다. 이 장면으로부터 촉발된 사건의 진행이 파우스트의 비극적인 절규로, 메피스토펠레스의 말을 빌리자면 "비탄의 나날"로 끝맺는 것은 우연이 아닙니다. 그리고 이러한 결말의 구성에 대한 하나의 관점은, 저 비극적 외침을 파우스트가 창조 행위로부터 등을 돌렸다는 의미로, 다시 말해 내기에서 메피스토가 승리했다는 의미로 이해하고자 하는 입장입니다. 만약 이러한 관점을 따른다면, 창조의 정당화는 파우스트의

운명을 통해서는 달성되지 못하는 것처럼 보일 것입니다.

　　그렇지만 「욥기」와의 관계에 대한 이 짤막한 논의는, 괴테가 「천상에서의 서곡」 안에서 『파우스트』 전체를 위한 의미들을 설계하고 있었음을 보여줍니다. 이러한 정황은 여러 연구에 의해 이미 알려져 있었으며, 근래에는 칼 아이블(Karl Eibl)과 한스-위르겐 슁스(Hans-Jügen Schings)의 새 논문들을 통해 인상적인 방식으로 설명된 바 있습니다.* 이 주제에 관련된 괴테의 출처들 중에는 라이프니츠의 『신정론: 신의 선, 인간의 자유, 악의 기원에 관하여(Essais de Theodicee: sur la bonte de Dieu, la liberte de l'homme et l'origine du mal)』(1710)도 발견되는데, 이것은 메피스토펠레스가 인간을 지칭하는 방식("지상의 작은 신", 281)이 라이프니츠의 논문에서도 유사한 형태로 등장한다는 점을 통해 확인되고 있습니다. 그렇지만 메피스토펠레스는 저 표현을 엄연히 빈정대는 투로 사용하고 있으며, 이러한 조롱은 괴테가 「천상에서의 서곡」 장면을 구상하고 있었던 즈

---

*　　Karl Eibl: *Zur Bedeutung der Wette im 《Faust》*, in: Goethe-Jahrbuch 116(1999), 271–280쪽; Hans-Jürgen Schings: *Faust und der dritte Schöpfungstag*, in: Deutsche Vierteljahrsschrift für Literaturwissenschaft und Geistesgeschichte 88/4(2014), 439–467쪽. 여기에 관련된 과거의 연구들에 대해서는 Alfred Hoelzel: *Faust, the Plague, and Theodicy*, in: The German Quarterly 52/1(1979), 1–17쪽.

음에는 이미 볼테르의 『조롱(*Persiflage*)』(1759)에 의해 권위를 상실해 가고 있었던 라이프니츠와의 거리두기가 여기에서 시도되고 있음을 보여줍니다. 오히려 라이프니츠를 이 장면의 원 출처로 주장하는 일반적인 연구 경향에 반대함으로써, 우리는 시기적으로 「천상에서의 서곡」이 집필된 때와 가장 가까운 실질적인 출처를 발견할 수 있게 됩니다. 그것은 바로 헤르더의 『히브리 시의 정신에 대하여(*Vom Geist der Ebräischen Poesie*)』(1782)와 칸트의 『신정론에서의 모든 철학적 시도의 오류들에 관하여(*Über das Mißlingen aller philosophischen Versuche in der Theodizee*)』(1791)입니다. 「천상에서의 서곡」과 이들 텍스트가 갖는 주제상의 인접성은, 『파우스트』의 정당화 문제가 「욥기」와 밀접하게 관계를 맺었던 것에 못지않게 확실하게 드러나 있습니다. 헤르더와 칸트는 신정론을 위한 라이프니츠의 시도가 "논쟁적"이라는,* 혹은 "교설적"이고 "궤변적인" 숙고라는 이유를 들며 거절하고 있습니다.** 이로써 라이프니츠의 주장들은 서류뭉치 속으로 치워져 버리게 되었던 것입니다. 그러나 우리가 헤르더와 칸트의 텍스트를 숙고함으로써 얻

---

* Johann Gottfied Herder: *Werke in zehn Bänden*. 5권: *Schriften zum Alten Testament*. Hg. von Rudolf Smend. Frankfurt a. M. 1993, 743쪽.

** Immanuel Kant: *Werke*, 11권, 116쪽.

을 수 있는 가장 중요한 실마리는 이들이 라이프니츠에 반대
했다는 사실이 아니라, 이들 저자들이 이성적 정초를 창조의
정당화로 직결시키지 않기 위해 요구되는 문학적 형식을 찾
고자 했다는 데에서 비롯되고 있습니다. 당시 「욥기」에 부여
되었던 현재성은 다름 아닌 이 지점에서 증명됩니다. 헤르더
는 그의 책에서 욥에 대해 다루면서 다음과 같이 이야기합니
다. "오히려 「욥기」를 구성하고 있는 형식적 틀 자체야말로 최
고의 건축물이자 규범이라 할 만하다. 인류에 대한 서사시, 그
리고 신의 정당화는 말씀 안에 있는 것이 아니라, 욥의 불행
안에, 그의 고요한 행위 안에 존재하고 있다."* 한편 헤르더가
"가장 오래된 예술적 구성"이라는 표현을 통해 주장하고 있
는 것이,** 칸트에게서는 하나의 의미심장한 철학적 메아리로
나타나고 있습니다. 교설적으로 주장되는 신정론이란 불합리
의 산물이지만, 그 대신 "입법자 스스로에게서" 도출되는 "확

---

*   Herder: *Werke*, 5권, 779쪽.

**   같은 책, 773쪽. 만약 그 출처에 대한 내 가설이 옳다면, 이 대담한 역사적인 판
결은 괴테가 고전적인 파우스트의 컨셉을 예술의 원천에 연결시키는 계기가 되었
을 것이다. 지금까지의 많은 연구들에서는 괴테가 신과 메피스토 간의 대화를 궁정
의 접견 장면으로 연출했다고 설명되어 왔다. 그러나 우리는 이 장면을 유럽 사회
의 구조와 연관 지어 이해할 것이 아니라, 오히려 헤르더가 서술하고 있는 고대 문
화 계층의 신 개념에 근거하여 이해해야 한다. "여기에 나타나는 사탄의 형상을 나
는 태고로부터 발견한다. 사탄은 천사들 사이에, 다시 말해 천상의 주인에게 종사하
는 종들 가운데 있었다." 같은 책, 770쪽.

증적" 신정론이 존재한다는 것입니다.* 이러한 가능성은 「욥기」 안에서, 칸트의 말을 빌자면 "알레고리적으로 표현되고" 있습니다.** "확증적 신정론"이라는 칸트의 이 개념은, 앞으로 살펴보게 되겠지만, 『파우스트』 1부의 말미에 제시되는 거의 악의적인 귀결의 의미를 해명할 실마리를 제공하고 있습니다. 다시금 강조하자면, 여기에서 무엇보다도 중요한 것은 괴테가 「천상에서의 서곡」에 착수한 시기와 『파우스트』의 포괄적인 윤곽을 구상하던 시기에, 신정론의 문제를 **문학 형식의 프로세스**로 사유하려는 시도가 있었다는 저 핵심적인 정황을 짚어 내는 일입니다. 「욥기」는 말하자면 이러한 형식의 모범적인 예시였던 것입니다. 이로써 앞서 니체를 살펴보며 고찰했던 부정성, 정당화, 그리고 미학적 프로세스의 개념적 배치가 보다 분명해지게 됩니다. 『파우스트』를 경유하여 비극적-미학적 신정론을 이야기하는 것은 결코 1872년으로의 후퇴가 아닙니다.[3] 오히려 이러한 주제들에 주목하는 것이야말로, 괴테가 그의 작품을 위한 전체적인 의미의 구조를 설계하고 있었던 당시의 상황에 상응하는 접근인 것입니다.

---

*   Kant: *Werke*, 11권, 116쪽.

**   같은 책.

물론 우리에게는 여전히 해결되지 않은 질문 하나가 남아 있는데, 그것은 저 극적인 사건의 귀결이 어떻게 신과 악마의 내기를 결론짓고 있는가의 문제입니다. 창조의 정당화를 둘러싼 질문은 궁극적으로 어디에서 증명되고 있는 것일까요? 아마도 여기에 대한 가장 손쉬운 답변은, 파우스트적인 **노력**이 항구적인가 혹은 그렇지 않은가를 통해 저 질문에 답하는 방식일 것입니다. 그러나 이런 식의 접근은 이내 문제에 봉착하고 맙니다. 이제까지의 연구사에서 노력의 개념은, 이 개념의 중요성을 부인하려는 경향에 대한 지나친 반작용으로 인해, 텍스트와 지나치게 멀어진 이데올로기적 해석들로 점철되어 왔습니다. 대체로 이들의 근거는 파우스트라는 인물의 성격에서 도출되어 왔는데, 이를테면 쉽게 흔들리는 그의 감정, 일탈적인 소망으로 가득한 삶, 구체적인 목표의 결여와 같은 것들이었습니다. 그러나 설령 우리가 이런 식의 정신분석학적 진단을 어느 정도 받아들인다 하더라도, 「천상에서의 서곡」이 노력의 개념을 정당화의 문제의식과 결합된 아주 특별한 의미로 끌어올렸으며, 이를 통해 작품의 전체 의미 구조를 지탱하고 있다는 점을 뒷받침하는 확고한 서술적 근거들을 간과해서는 안 될 것입니다. 아래의 장면에서 신의 두 발화는 여기에 해당하는 특별한 개념들을 지시하고 있습니다. 우선 하나는 전적으로 인간에게 해당되는 확언으로 주어집니다.

인간은 노력하는 한 오류를 범하는 법이다.(317)[4]

이어서 이른바 '욥의 내기'에 기반을 둔 상황이 아래와 같
이 지시됩니다.

이 영혼을 그 원천으로부터 끌어내 보아라.(324)

두 행들 간의 대조적인 양상은, 노력이 내기의 성립을 위
한 본질적인 요소인 이상, 그것은 또한 인간이 근원과 맺는 활
동적인 관계로 자리하게 되리라는 점을 보여주고 있습니다.
콤머렐의 정식은 이 관계의 의미를 정확하게 지시해 줍니다.
"그러나 [노력]이란 생동하는, 실체적인 힘으로, 영혼에 가해
지는 가장 험악한 위협으로부터 [······] 파우스트를 보호하는
힘이다. 여기서 말하는 위협이란, 바로 원초적인 무(Nichts)의
상태에 영원히 붙들려 있으려는 태만이다."* 노력은 인간이

---

*   Max Kommerell: *Wilhelm Meister*, in: *Essays, Notizen, Poetische Fragmente*. Hg. von Inge
Jens. Olten—Freiburg i. Br. 1969, 88쪽. "태만"의 개념을 통해 콤머렐은 **나태**를 암시하
고 있다. 토마스 아퀴나스 이래로 전해져 온 의미상의 전통에서 태만의 죄악은 사
랑으로 충만한 기쁨을 거부하는 것을 뜻한다. 이러한 관점에서 『파우스트』에 대한

근원과 맺고 있는 관계를 지켜내는 힘으로 작용하는데, 왜냐하면 노력이란 마음의 태만을, 이 세상에 흐르고 있는 신의 사랑에 반대하여 자기 안에 틀어박히려는 상태에 반대하는 것이기 때문입니다.[5] 그리하여 노력은 이제―단순한 능동성 혹은 '멈추기를-원하지-않음'에 대한 형상화에 머무르지 않고―존재의 근원으로서의 창조를 향한 전환이 되는 것입니다. 창조 행위에 대한 참여의 근본 형식으로서 제시되는, 가장 드높은 그리고 가장 근원적인 것에 대한 지향이라는 이러한 발상은 괴테에게서 빈번하게 목격될 뿐만 아니라, 가히 괴테의 근본적인 신념이라 해도 과언이 아닙니다. 예컨대 우리는 「천상에서의 서곡」(1798)과 비슷한 시기에 집필된 비가인 「식물의 변형」의 결말부를 떠올려 볼 수 있는 것입니다.

> 때로는 이렇게 또 때로는 저렇게, 얼마나 다양한 형상들을
> 고요한 피어남으로, 자연이 우리의 감정에 내어 주었는가를 생각
> 해 보라.
> 그리고 오늘을 기뻐하라! 천상의 사랑은
> 한결같은 신념이라는 지고의 열매를 위해서,

심화된 해석을 제공하는 연구로는 Michael Theunissen: *Vorentwürfe der Moderne. Antike Melancholie und die Acedia des Mittelalters*, Berlin—New York 1996, 27쪽을 참조할 것.

사물에 대한 한결같은 견해와, 그를 통한 조화로운 관조 가운데서
결합된 한 쌍이 보다 높은 세계로 향하도록 하기 위해 애쓰는 법
이니.*

이 특별한 노력의 개념을 경유함으로써, 우리는 여러 의미
심장한 반대의 시도들을 물리치고 파우스트의 노력을 정당화
문제에 대한 논의의 시금석으로 받아들일 수 있게 됩니다. 노
력은 저절로 생겨나는 힘이 아니라 존재 자체를 향한 의도적
인 지향이며, 바로 그러한 까닭에 위협에 직면하는 것입니다.
그리고 바로 이러한 이유 때문에, **절망에 사로잡혀 창조에 등
을 돌리는 행위, 즉 노력의 중단은 곧 인간 존재가 갖는 탁
월한 가능성이기도 합니다.** 콤머렐이 주목했던 태만의 위협
은 정확히 파우스트와 같이 멜랑콜리한 자질을 지닌 인물에
게서 특히 두드러지게 됩니다.** 메피스토펠레스는 파우스트
의 성격을 파악함으로써 자신이 유리한 패를 쥐고 있음을 알

---

*   FA Ⅰ/1, 641쪽. 아울러 「비가」의 다음 행들도 참조할 것. "우리의 가슴 속 정결
함 안에서 어떤 노력이,/보다 드높은, 고결한, 미지의 것을 향해,/감사에서 비롯된
헌신을 기하려는,/영원히 불리어지지 않은 것의 수수께끼를 풀고자 하는 노력이 꿈
틀거린다." FA Ⅰ/2, 460쪽.

**   멜랑콜리 이론을 『파우스트』의 배경에 두는 시각에 대해서는 Jochen Schmidt:
Goethes Faust. Erster und Zweiter Teil. Grundlagen—Werk—Wirkung. 2. Auflage. München 2001,
95–108쪽을 참조할 것.

아챘으며, 그와 같은 확신 위에서 마음껏 자기가 짜 놓은 전략을 펼칠 수 있었던 것입니다. 파우스트는 감각적 향유의 충족에 굴복하는 것이 아니며, 힘겨운 노력과 끝없는 탐구, 근면함의 의무에서 벗어나는 데에 매혹되는 것도 아닙니다. 메피스토의 목적은 파우스트를 그의 근원으로부터 떼어놓는 데에, 즉 **창조행위로부터 등을 돌리게끔** 만드는 데에 있는 것입니다. 이로써 신에게 맞서 스스로를 변호하기 위해 메피스토펠레스가 내세웠던 부정의 테제가 보다 명확해지게 됩니다. 말하자면 그는 창조에 대한 거절의 역할을 부여받은 신의 '종'(299)으로 스스로를 정체화하고 있는 것입니다. 그레트헨 비극의 사건 전체는 이러한 맥락에 따라 연출된 메피스토의 각본을 따르고 있으며, 「감옥」 장면에서 파우스트의 발화들은 마치 메피스토의 목적이 달성되었음을 증언하기라도 하듯이 울려 퍼지고 있는 것입니다.

이렇듯 노력은 섭리에 속해 있는 행위이며, 그 내적인 원리는 인간 존재의 근원으로부터 솟아나고 있습니다. 하지만 그럼에도 불구하고 인간이 신 또는 창조와 맺는 이러한 연관은 위험 앞에 내던져져 있는 것처럼 보입니다. 대체 이 위협은 어디에서 오는 것일까요? 이에 대한 하나의 답변은 앞서 인용된 신의 말 안에 드러나 있습니다. "인간은 노력하는 한 오류를 범하는 법이다." 여기에 사용된 오류의 개념은, 충분한 정보를 가지지 못한 탓에 인간이 때때로 내리게 되는 잘못된 결정을 가리키는 것이 아닙니다. 설령 우리가 인식론적인 차원에서 그것을 인간 지성의 근본적인 한계로 받아들인다 하더라도, 이런 사소한 실수들이 진정한 비극의 토대를 제공해 주는 법은 없습니다. 오히려 비극적인 일관성이야말로 오류의 위험성을 내포하게 되는데, 왜냐하면 오류의 위협은 노력이 추구하는 목표 안에, 근원을 향하려는 인간의 계획 안에 뿌리내리기 때문입니다. 우리는 이러한 견해를 뒷받침하는 증언을 확보하고 있는데, 괴테가 『파우스트』 집필에 다시금 착수했을 당시, 그는 쉴러에게 보내는 편지에서 『문예연감(Musenalmanach)』에 보낼 시에 대해 다음과 같이 적고 있습니다. "[시의 표제이자 소재인] 「파에톤」은 썩 나쁘지 않았고, 고귀한 인간의 영원히 충족되지 않는 노력이라는 오래된 설화의 구조는, 더없이 매력적인 그 존재를 발판 삼아 여전히 그럭저럭 지지받고 있는 듯하네."* 신의 아들이 맞이하게 될 파국에 대한 괴테의 이해는, 그가 구상했던 근원으로 향하려는

---

* FA Ⅱ/4, 432쪽(1797년 9월 25일자 편지).

노력이 이미 의미심장한 오류의 가능성을 그 안에 내포하고 있었음을 내비치고 있습니다. 파에톤의 운명이 보여주었던 것처럼, 근원을 향한 노력이란 그것이 즉각적으로 충족될 수 없다는 바로 그 이유로 인해, 잘못된 판단으로부터 비롯된 성급하고 과도한 행보로 말미암아 끔찍한 결과를 초래하고 마는 것입니다.

이와 같은 해석을 지탱하고 있는 주관성 이론의 토대에 대해서는 이어지는 장들에서 논의하게 될 것입니다. 여기에서는 일단 인용된 편지의 대목에서 드러나고 있는 문제, 즉 괴테가 어떻게 섭리에 속한 노력이라는 구상을 극적인 사건에 도입하는가에 집중해 보기로 하겠습니다. 이를 위해 살펴볼 대목은 「성문 앞」 장면입니다. 소포클레스적 전범과의 연관성이 드러나고 얼마 지나지 않은 이 장면에서, 파우스트는 파에톤의 신화적인 노력을 전범으로 삼는 일종의 수사적인 도약의 시도를 감행합니다.

> 아, 나를 이 땅바닥에서 들어올려
>
> 그대[태양]를 좇아 어디까지고 애쓰게 만들어 줄 날개란 없는 것이냐! (1074-1075)

많은 경우 사람들은 여기에 드러난 소망을 무가치한 환상으로 경시함으로써, 파우스트의 환상을 한낱 웃음거리로 만들곤 했습니다. 그러나 이러한 판타지의 제시는 (『젊은 베르터의 고뇌』에서도 그렇듯이) 인물이 스스로를 비현실적으로 과대 포장하고 있는 상황을 조롱하기 위해 도입되는 것이 아닙니다. 허황된 저 이미지들은 중심인물의 노력이 비극적으로 엇나가고 있는 상황을 가리키고 있는 것입니다. 파우스트의 말을 통해 제시되는 이미지들은 태양과의, 주체에 의해 완전히 이해된 근원과의, 세계에 대한 장악에의, 그리고 다소 모순적으로 들리긴 하지만 스스로의 고유한 생으로부터 연원하는 고통과의 즉각적인 동일시를 드러내고 있습니다. 물론 이 동일시의 과정 안에는 오만함이, 즉 자기를 신격화하는 연극적 환상이 도사리고 있지만, 아시다시피 이러한 오만이야말로 파에톤의 이야기가 (에우리피데스의) 비극적 주제를 구성했던 것과 마찬가지로 비극의 핵심적인 동기를 이루게 됩니다. 그러니 정확히 이 지점에서 메피스토펠레스의 개입이 돌연하게 나타나는 것은 결코 우연이라 할 수 없으며, 오히려 엄격하면서도 일관된 비극적 형성의 증거가 되는 것입니다. 파우스트가 파에톤적인 날갯짓의 은유를 (악마적인 마법에 기댄) '마법의 외투'(1122)를 향한 소망으로 구체화하는 사이에, 검은 푸들은 이미 그의 주위를 맴돌고 있습니다.[6] 파우스트의 가슴 속에 처음부터 비극적 이행의 가능성이 심어져 있었던 까닭에, 섭리에 닿고자 하는 저 노력의 개념은 한편으로 메피스토펠레스의 공격이 시작되기 위한 최적의 목표가 됩니다. 여기서 파에톤의 추락이, 즉 파우스트적 노력이 초래할 사랑스러운 소녀의 참혹한 불행이라는 결말이 이미 예견되고 있으며, 이를 통해 우리는 이 작품에서 비극적 주체가 그의 근원으로부터 등을 돌리고, 노력하기를 포기하며, 창조의 부정에 도달하는 것을 이해할 수 있게 되는 것입니다. 다름 아닌 스스로를 변호하기 위해서라도, 정당성의 법정은 이 극단적인 위협을 불가피하게 내버려 둘 수밖에 없는 상황에 내몰리게 됩니다. 그리고 다름 아닌 이 어쩔 수 없는 선택의 상황이 곧 비극을 완성해 내는 것입니다. 그리하여 괴테가 『파우스트』에서 발전시킨 장르의 컨셉 안에서, 비극은 이제 세계를 긍정하기 위한 한 줄기 빛을 구하기 위해 급진적인 부정성 안으로 뛰어드는 문학 양식이 되었던 것입니다.

1 여기에서 "zückt"라는 말은 발음상으로도 날이 선 인상이지만, 동사의 의미 자체도 낯선 느낌을 준다. 이 말은 보통 무기를 빼드는 상황 등에 쓰이기 때문이다.

2 쇼펜하우어의 미학 이론은 의지의 부정이 곧 해방의 가능성임을 역설하는 방향으로 전개된다. 그는 인간이 삶과 세계로부터 해방되기 위해서는 삶 혹은 존재에의 의지를 극복해야 한다고 주장했는데, 예술에 대한 경험은 이러한 상태에 도달할 수 있는 하나의 길로 제시되고 있다. 쇼펜하우어는 여러 예술 장르들 중에서 음악을 최상의 것으로 보았는데, 이는 음악이 묘사될 수 없는 것, 혹은 쇼펜하우어식으로 표현하면 초월계 자체를 가리키는 형이상학적 의지(즉 세계와 삶을 넘어선 의지)의 음성을 나타내고 있기 때문이다. 이러한 원리에 따라 쇼펜하우어는 시문학에게 음악 바로 아래의 지위를 부여하는 한편, 비극을 시문학 중 최고봉으로 꼽는다. 비극은 존재가 자기 자신과 불화함으로써 세계의 본질로 향하도록 만들며, 이를 통해 세계의 부정성을 드러내 보이기 때문이다.

3 1872년은 니체의 『비극의 탄생(Die Geburt der Tragödie aus dem Geiste der Musik)』이 간행된 해이다.

4 본래 이 문장은 "인간은 노력하는 한 방황한다"로 널리 알려져 있는데, 여기에서는 뒤이을 본문의 문맥을 고려하여 '방황' 대신 "오류를 범하다"로 옮겼다. 독일어 'irren'은 '방황하다'의 의미와 더불어 '잘못하다, 잘못 생각하다, 틀리다, 망상을 품다' 등의 의미를 갖는다.

5 본문 및 원극에서 언급되고 있는 '태만' 혹은 '나태(acedia)'는 기독교의 일곱 가지 죄 중 하나로 규정되는 특정한 의미로서 이해될 필요가 있다. 쉽게 말해 여기서 나태란 비애와 태만이 결합된 개념이다.

6 처음 파우스트 앞에 나타날 때, 메피스토펠레스는 검은 푸들로 변신한
   채로 그에게 접근한다.

보유: 비극적 주체성의 개념에 대하여

Exkurs: Zum Begriff tragischer Subjektivität

보유: 비극적 주체성의 개념에 대하여

「천상에서의 서곡」에서 신에 의해 지시되고 있는, 근원으로 향하고자 하는 (섭리적인) 노력의 표상은 괴테의 시대에 형성된 일종의 개념적 복합체에 속해 있습니다. 저는 이것을 '비극적 주체성'의 형식으로 부르고자 합니다. 우리는 이미 두 번째 장(「휴지」)에서, **전체를 향한 열망**과 확고한 현실의 **도처에 만연한 활동력** 사이에 형성된 긴장 관계에 천재적인 주체성을 개입시키는 하나의 모델을 살펴본 바 있습니다. 이 장에서는 우선 칸트 이후의 철학이 괴테와 긴밀하게 연결되어 있는, 모리츠에 의해 스케치된 저 긴장 관계에 어떠한 철학적 정초를 도입했는지에 대해서 살펴보고자 합니다. 비극적 주체성의 개념을 검토함으로써, 보다 정확히 말하자면 비극적 오류의 상세한 범주에 다시금 주목해 봄으로써, 우리는 이제 비극이 갖는 성격에 대한 의미심장한 역사적 재해석으로 나아가게 될 것입니다. 작품에 나타난 주체성에 대한 일반적인 해석은, 파우스트적인 성격의 근원을 과도한 야망의 존재에서, 또는 인간 존재의 한계를 간과하는 오만의 태도에서 찾고자 합니다. 물론 이것은 아주 잘못된 주장은 아니며, 『파우스트』의 극적 동기들을 구성하는 중요한 차원들을 어느 정도 타당하게 짚어 내고 있습니다. 무엇보다도 이러한 주장들은 인간 존재의 한계에 대한 충격적인 경험의 표현으로 비극적인 비탄이 출현한다는 사실에 의해 뒷받침되고 있으니 말입니다. 그러나 이와 같은 견해들을 자세히 검토해 보게 되면, 그것들이 대부분 중심인물에게 일종의 극기를 요구하는 도덕적인 제스처의 단계에 머물고 있음을 알 수 있습니다. 만약 이런 식의 관점에 따르게 되면, 비극적인 문제의식은 능히 예방될 수 있는 어떤 실수로, 또는 개인의 병리적 문제로 축소되어 버리고 맙니다. 비극이라는 장르를 위한 중요한 목표 설정의 차원을, 나아가 인간의 근본적인 욕망과 행위에 뿌리내리고 있는 구조적 갈등을 이런 관점을 통해서는 짚어 낼 수가 없는 것입니다. 비극의 형식은 파국으로 향하는 발걸음을 단순한 오류로, 다시 말해 조심스럽게 주의를 기울이면 피해 갈 수 있는 어떤 실책으로 설정하지 않습니다. 설혹 비극의 주인공에게 방종에 대한 경고가 주어진다 하더라도, 그러한 경고를 통해 파국의 위협이 해소되는 법은 없는 것입니다. 그러므로 우리는 오히려 비극의 주인공을 **한계-존재**라는 차원에서 이해할 필요가 있습니다. 그의 존재 자체가 곧 **한계와 초월**의 동역학이 전개되는 무대가 되는 것입니다. 그리고 다름 아닌 이러한 이해야말로, 관습적으로 전해져 온 비극의 규범—**성품이 곧 인간의 수호신이다(ethos anthropoi daimon)**[성격이 곧 운명이다—옮긴이]—에 새로운 현재성을 부여하는 괴테 시대 주체 이론의 관점이라 할 수 있겠습니다.*

이 주제를 정초하는 데 적합한 출발점은 피히테의 『전체 지식학의 기초(*Grundlage der gesamten Wissenschaftslehre*)』(1794)일 것입니다. "자아는 유한한데, 왜냐하면 그것은 한정된 존재일 수밖에 없기 때문이다. 그러나 자아는 이러한 유한성 안에서 무한한데, 왜냐하면 한계란 무한에 이를 때까지 점점 더 확장되어 갈 수 있기 때문이다. 자아는 무한으로 향하는 그의 유한성이자, 유한으로 향하게 되는 그의 무한성이다."** 인간의

---

* 헤라클레이토스의 이 말은 고대 비극 연구에서 자주 언급되고 있다. Williams: *Shame and Necessity*, 137쪽을 참조할 것.

** Johann Gottlieb Fichte: *Grundlage der gesamten Wissenschaftslehre*. Hg. von Wilhelm G.

주체성에 부여된 유한성을 이해해 보려는 이 이론적인 노력은 단순히 무한한 것과의 단호한 대조만을 드러내려는 시도가 아닙니다. 인간의 유한성은 수중에 지닌 물건들이 드러내는 그런 유한성과 같지 않으며, 무한한 요구와 제약 사이를 오고가는 일종의 동역학적 의미에서 비로소 성립되기 때문입니다. 이 유한한/무한한 동역학이 펼쳐지는 인간 존재의 차원을 드러내기 위해서, 피히테는 구어적인 개념 하나를 철학적인 언어로 격상시키고 있습니다. 인간적인 활동성(Tätigkeit)의 이행은 이제 전적으로 자기-현실화의 노력이 됩니다. "자아는 무한하지만, 그것은 어디까지나 그의 노력에 의해서만 가능하다. 자아는 무한하게 존재하기 위해 노력하는 것이다. 그렇지만 노력의 개념 안에는 이미 유한성이 도사리고 있는데, 왜냐하면 무언가를 **'거스르지'** 않는 것은 노력이 아니기 때문이다."* 여기에 인용된 피히테의 구절은 많은 전제들을 필요로 하는 개념적 연관을 만들어 내고 있습니다만, 우리의 당면한 목적을 위해서라면 피히테가 그리고 있는 인간적 존재의 상을 단단히 붙드는 것만으로도 충분할 것입니다. 가장 강조되

Jacobs. 4. Auflage. Hamburg 1997, 176쪽.

* 　같은 책, 188쪽.

어야 할 지점은, 노력은 인간 활동의 특정한 방식들 중 하나가 아니라, 인간 행위의 구조 그 자체라는 사실입니다. 다시 말해 인간적인 존재란 무한성을 향해 스스로를 던져 넣는 존재인 셈입니다. 앞에서 살펴보았던 근원과의 관계와 유사한 기획이 여기에서도 드러나고 있습니다. 누구든 노력하며 애쓰지 **않는다면**(『파우스트』11936행 참조), 그는 곧 인간적인 존재가 되기 위해 필요한 근본적인 요구들을 벗어나게 되는 것입니다. 피히테는 인간적인 경험을 **초월적인** 상태를 향하려는 경험의 구조로 보았습니다. 무한한/유한한 주체는 오직 경계를 넘어서는 초월 안에서만 실현될 수 있으며, 따라서 어떠한 현실로도 그것을 만족시킬 수는 없는 셈입니다. 그 결과 유한한 것들 안에서 무한한 것으로 향하는 길을 만들어 내는 특수한 경험 세계를 발견해야 한다는 요구가 여기서 싹트게 됩니다. 「숲과 굴」의 서두에 제시된 미학적-자연과학적 "바라봄"은 비단 괴테만의 발상이 아니었던 셈입니다. 그러나 동시에 유한한/무한한 경험의 구조는 한편으로는 무절제함과 터무니없는 상태로의 이탈이라는 가능성을 내포한 것이기도 합니다. 바로 여기에 비극의 개념을 둘러싼 역사적 혁신의 토대가 자리하고 있습니다.

어쩌면 피히테의 명제를 경유하는 시도가, 작품과 별다른 연관이 없는 추상적인 논의를 문학작품의 해석에 도입하는 듯 보일지도 모르겠습니다. 실제로 철학적 관점을 견지해 온 지난 20여 년간의 파우스트 연구는 작품으로부터 다소 동떨어져 왔던 것이 사실이기도 하니 말입니다. 그러나 저로서는 이러한 방식이야말로 한 편의 비극으로서 『파우스트』가 갖는 자기 이해에 도달하는 유일한 방법이라고 말씀드리고 싶습니다. 피히테의 정식에 의해 표현되는 주체성의 개념은 괴테에게서도 익숙하게 발견되고 있으며, 그의 작품에 분명하게 영향을 미치고 있기 때문입니다.* 이러한 내용은 『시와 진실』 8권 말미에서 찾아볼 수 있는데, 여기에서 괴테는 1770년경 헤르메스 밀교[1]와 신플라톤주의를 결합한 그만의 종교적 신화를 이야기합니다.** 롤프 크리스티안 짐머만(Rolf Christian Zimmermann)은 그의 가장 중요한 연구인 『청년 괴테의 세계상(Das Weltbild des jungen Goethe)』에서, 이 대목이 파우스트의 초기 구상을 비롯한 괴테의 초기작들을 이해하는 데에 대단히 중요하게 기여할 수 있음을 상세히 설명한 바 있습니다.*** 다만

---

*   Hermann Schmitz: *Goethes Altersdenken im problemgeschichtlichen Zusammenhang*. Bonn 1959, 254-257쪽 참조.

**   FA I/14, 382쪽. 이하의 모든 인용은 같은 곳, 382-384쪽.

***   Rolf Christian Zimmermann: *Das Weltbild des jungen Goethe. Studien zur hermetischen Tradition des deutschen 18. Jahrhunderts*. 1권: *Elemente und Fundamente*. 2. Auflage. München 2002.

짐머만은 한참 뒤에 나타나는 괴테의 자전적인 서술이, 앞선 시기의 종교적 내용을 칸트 이후 철학의 개념으로 번역한 결과라는 점을 간과하고 있기는 하지만 말입니다. 근본적으로 괴테의 서술은 피히테가 인상적으로 강조하는, 무제약성과 제한의 어우러짐으로서 나타나는 주체성의 동역학과 별반 다른 것이 아닙니다. 괴테는 철학적으로 구성된 피히테의 동역학을 단계적으로 전개되어 가는 신화로 재구성했으며, 이를 통해 철학적인 서술을 넘어서는, 비극적인 주체성에 의한 일종의 신화적인 인도를 추구했던 것입니다.

이 신화에는 시작이 없으며, 다만 "영원으로부터 스스로를 산출하는" 삼위일체의 "신성"이라는 대담한 가정만이 주어지고 있습니다. 순수하게 자기 자신을 산출하는 실체라는 대목에서 이미 "생산적 동력"의 과잉을 야기하는 어떤 극단적인 창조의 에너지가, 보다 정확하게는 저 생산적 동력을 극단까지 밀고 나가게 될 네 번째 존재가 주어지는 것입니다. (괴테의 가장 신비스러운 사유인) 이러한 구상은 신성 그 자체 안에 내재되어 있는 비극적 결점으로부터 비롯되는 것처럼 보입니다. 다시 말해 비극적 결점이라는 기원을 지님으로써, 루시퍼로 밝혀진 네 번째 존재는 "이미 그 안에 모순을 지니며

[……], 그리하여 [신성성]과 마찬가지로 무제약적인, 그러나 동시에 [신성성] 안에 머묾으로써 제한될 수밖에 없는" 것입니다. 이로써 유한한/무한한 존재의 양가적인 근본 구조가 확립됩니다. 존재는 그 생산적인 활동에 의해 무제약적인 것이 되지만, 동시에 피조물로서는 엄연히 제한되어 있는데, 왜냐하면 그 현존재는 다른 무언가(신성성)에 의해 제약되기 때문입니다. 창조에 의해 만들어진 세계는 자기 안에 모순을 지닌 루시퍼적인 존재에 의해 생겨납니다. 이 지점에서 괴테의 서술은 비극적인 오류를 마치 그의 창조 신학적 정초인 것처럼 다루고 있습니다. 괴테는 루시퍼에 의한 최초의 창조 행위를 다음과 같이 묘사합니다. "[루시퍼는] 천사들을 창조함으로써 그의 무한한 활동력을 드러냈다. 이 천사들은 그와 마찬가지로 무제약적이었으나, 그에게 붙들려 있고 또한 그에 의해 제약되었다. 이와 같은 영예에 둘러싸여 있음으로 인해, 루시퍼는 그의 더 높은 근원을 망각하고 자신이 곧 근원 그 자체인 양 여기게 되었으며, 이 최초의 배은망덕함에 의해 신의 의지와 의도에 부합하지 않는 일체의 것들이 생겨났다." 루시퍼의 배은망덕함은 유한한/무한한 존재로서의 자기에 대한 잘못된 이해이자, 잘못된 가치 부여이며, 무한한 생산력을 제공해 주는 근원에 대해 피조물로서 가지게 마련인 고유한

제약을 망각한 처사입니다. 그야말로 비극적 오류의 견본이라 해도 좋을 루시퍼의 이 행위는, 일종의 구조적인 무지를 통해 완성됩니다. **그는 스스로를 고유한 원천으로 상정하고 있는 것입니다.** 그리고 이러한 맥락은 곧바로 『파우스트』의 장면에서도 부각됩니다. 『파우스트』에서 **비극적인 월권행위는 자기 신격화의 판타지로부터 비롯되는데, 왜냐하면 그와 같은 행위는 자기-산출을 목표로 삼기 때문입니다.** 나아가 괴테의 신화는 "신성과의 본원적인 결합"의 재생산에 전념하는 인간이, "다시금 루시퍼의 경우와 마찬가지로, 무제약적인 동시에 제한되어 존재하고 있다"는 것을 훨씬 더 뚜렷하게 밝히고 있습니다. 루시퍼적인 배은망덕은 인간적인 경험의 차원에서 반복되고, 인간이 "가장 완전한 동시에 가장 불완전하고, 가장 행복한 동시에 가장 불행한 피조물"이 되도록 만드는 결과를 가져오는 것입니다. 비극은 바로 이와 같은 피조물의 운명을 자신의 재료로 삼는 형식입니다.

어쩌면 여러분은 위에 인용된 『시와 진실』의 구절이 한낱 판타지에 불과한 신학적 구상을 다루고 있으며, 독자들 또한 그것을 모를 리 없다고 반문하실지도 모르겠습니다. 그러나 이러한 반문은 괴테가 셰익스피어의 비극적 구조에 대한 분석에서 동일한 사유를 드러내고 있다는 점 앞에서 무력해질 수밖에 없습니다. "아마 어느 누구도 개인적 성격 안에서 일어나는 욕망과 당위의 위대한 최초의 결합을 그보다 훌륭하게 표현해 낼 수는 없을 것이다. 성격의 측면에서 보았을 때, 인물(Person)은 당위에 속한다. 인물은 제약되어 있으며, 특별한 사명을 지니는 것이다. 그러나 인간(Mensch)으로서의 인물은 욕망한다. 그는 제약 바깥에 존재하며, 보편을 요구한다. 여기에서 이미 내적인 갈등이 발생하게 되는데, **셰익스피어**는 이러한 갈등을 다른 무엇보다도 전면에 내세우고 있다."[*]

이로써 『파우스트』의 발생적 원천이 가시화됩니다. 시인이 인간적인 주체의 근본적인 갈등을 극적인 사건의 전개 속에서 드러내 보인다는 생각은, 괴테가 살았던 시대에는—최소한 철학적인 의미에서—일반적으로 받아들여질 수 있는 입장이었습니다. 후에 쉴러는 『파우스트』를 다시금 상연하려는 그의 의도를 드러낸 바 있으며, 그것을 다시금 1790년에 단편[「파우스트 단편(Faust. Ein Fragment)」—옮긴이]으로 발표하게 하는 한편, 1797년 6월 23일의 편지에서는 저 극작품의 주도적인 착상에 대한 자신의 견해를 다음과 같이 드러낸 바 있습

---

[*]   FA I /19, 644쪽.(「셰익스피어와 그의 무한성(Shakespear und kein Ende!)」)

니다. "사람들은 인간적인 본성의 이중성으로부터 기인하는 불행한 노력을, 다시 말해 신성한 것과 육체적인 것을 인간 안에서 합일시키려는 시도를 포기하지 않는다. 작품의 전개 가 눈부신 광휘로, 한낱 형체를 벗어난 것으로 향하고 또 그 래야만 한다는 사실은, 사람들로 하여금 대상 곁에서 고요 히 머물기보다는 대상을 벗어나 이념으로 인도되기를 바라 도록 만드는 것이다."[*] 쉴러가 단지 1790년 단편의 빈약한 근거만을 토대로 섭리 안의 노력을 둘러싼 문제의식을 저렇 게 명료화할 수 있었다는 사실은, 그의 정식화가 「천상에서 의 서곡」의 구성 그리고 그를 통한 『파우스트』의 근본적 구 상틀의 영향 없이는 불가능했으리라는 추측을 가능케 합니 다. 즉 쉴러의 편지는 「파우스트 초고」와 고전주의적인 『파 우스트』 구상을 가르는 기점일 수도 있는 셈입니다. 어쨌든 확실한 것은, 「파우스트 단편」을 주체성 문제로 회귀시키 고 있는 것이 비단 쉴러만이 아니라는 사실입니다. 셸링 또 한 그의 『예술철학』에서 "잘못 인도된 노력의 진리"와 "가 장 드높은 생에 대한 열망에 따른 추방"을 이야기하고 있으 며, 마찬가지로 무제약적인 요구와 제약의 문제를 극적 사

---

[*] Schiller: *Werke und Briefe*, 12권, 285-286쪽.

건의 모토로 내세우고 있습니다. "주체로서의 주체는 무한한 것으로서의 무한한 것을 향유할 수가 없는데, 그것이 설령 필연적일지라도 그러하다. 그리하여 여기에 영원한 모순이 자리하게 된다. 주체와 다름없는 이러한 상태는 말하자면 운명의 이상적인 포텐츠[2]이며, (극적인) 사건과 마찬가지로 상반된 것 안에 그리고 투쟁의 상태에 놓여 있다."* 다만 셸링은 중요한 지점에서 쉴러를 앞지르고 있는데, 여기에서 그는 저 보편적인 분쟁의 양태로부터 극적 사건의 시발점을 이루는 한편, 실제로『파우스트』1부의 두 부분에서 실현되고 있는 두 개의 가능성을 이끌어 내고 있습니다.「밤」장면은 "도취 속에서 이성의 척도와 목표를 벗어난" 분쟁을 극복하고자 하는 시도로 전개되며, 반대로 메피스토펠레스와의 내기로부터 시작되는 그레트헨 비극은 "무제약적인 것에 속한 유한한 것으로서 가담하는" 시도를 제시하고있는 것입니다.** 그렇다면 이들은 "잘못 인도된 노력"의 두 방향이거나, 혹은「천상에서의 서곡」의 표현을 빌자면, 노력하는 인간이 범하는 두 가지 오류의 길인 셈입니다. 이 두 가지 방

Friedrich Wilhelm Joseph Schelling: *Philosophie der Kunst, in: Ausgewählte Schriften in 6 Bänden*. Hg. von Manfred Frank. Frankfurt a. M. 1985, 2권, 559-560쪽.

** 같은 책, 560쪽.

향성을 경유함으로써, 유한한/무한한 주체성은 비극이 되어 드러나게 됩니다.

1 그리스 신화의 헤르메스와 이집트 신화의 토트를 혼합한 존재인 헤르메스 트리스메기스투스를 신봉하는 밀교적 신앙. 헤르메스주의에 따르면 우주 전체의 지혜를 관장하는 세 개의 부문이 있는데, 각각 연금술·점성술·신성마법이 그것이다. 본문에서는 직접적으로 언급되고 있지 않지만, 『파우스트』에서 헤르메스주의의 흔적은 매우 분명하게 드러나고 있다. 헤르메스 밀교의 방식으로 표현하자면, 파우스트는 연금술과 점성술이 실패하고("독약"을 만드는 연금술과 "연극에 불과한" 우주의 표식들), 자연의 영인 지령과 소통하는 신성마법에도 실패하고 나자(헤르메스주의에서 신성마법 또는 백마법은 신과 천사들이 주관하는 힘이며, 흑마법은 악마와 사탄이 주관하는 것으로 설명된다), 최후의 수단으로 흑마법에 손을 대고 있는 것이다.

2 셸링은 주관적인 것이 객관화되어 새로운 단계로 상승해 가는 것을 가리켜 포텐츠의 고양으로 표현한다. Potenz는 본래 힘, 활력, 생식력 등을 뜻하는데, 셸링은 여기에 수학용어인 거듭제곱의 개념을 더해 새로운 철학적 개념을 제시하고 있다.

초월의 연극론

Dramaturgie der Überschreitung

초월의 연극론

마지막 장에서는 비극적 주체성의 상연을 다룹니다. 『파우스트』 1부에는 전체 서술의 동역학이 갖는 입체적인 구조를 드러내는 두 가지 사건 진행이 존재하는데, 하나는 「헌사」와 「무대 앞의 서연」이고, 다른 하나는 「천상에서의 서곡」과 그에 뒤이은 「밤」 장면입니다. 그레트헨 비극에 대한 관찰은 이들을 경유할 때 비로소 그 기반을 확보할 수 있는 셈입니다. 각각의 부분들에 대한 완전한 해석은 이 에세이의 범위를 벗어나는 것입니다만, 적어도 이들을 구성하고 있는 몇몇 중심선들을 살펴보는 것은 가능할 것입니다.

해롤드 얀츠(Harold Jantz)의 주장에 힘입어, 우리는 이제 「밤」 장면을 통일된 성격을 지니는 모노드라마로 보는 한편,

그 사건 진행을 통해 『파우스트』의 전체 성격이 제시되고 있음을 이해할 수 있게 되었습니다.* 여기에서 저는 「밤」 장면이 자기 존재의 이중성을 무한성으로 초월시키려 하는 유한한/무한한 주체를 제시했다는 셸링의 관점을 참조하려 합니다. 이 모노드라마는 섭리적 노력으로부터 발원한 비극적 오류의 구체적인 형태를 보여줌으로써, 저 노력의 문제를 앞에서와는 또 다른 방식으로 보여주고 있습니다. 우리는 이 장면 전체를 변증법적 접근을 위한 일종의 예행연습으로 이해할 수 있는데, 왜냐하면 무한을 향해 감행되는 이 초월은 서로 결합되어 있는 요소들(유한성/무한성)을 강제적으로 분리함으로써 파국을—비극적인 것으로서, 혹은 삶을 부정하는 것으로서—불러오고 있기 때문입니다. 매 순간 초월을 위한 시도가 감행될 때마다, 거부된 유한성의 실체들은 무한성의 추상이 자아내는 부정적인 타자들로 되돌아오고, 실망의 고통이라는 보복을 가하게 됩니다. 이를 압축적으로 그려내는 상징적인 장면이 있는데, 이 대목은 상상 속에서 이루어지는 열뜬 비행 바로 뒤에 등장하는 **동시에**, 그 자체로 『파우스트』 1부의 결말을 예시하는 것이기도 합니다. "참혹하다! 나는 여전히 감옥

---

* Jantz: *The Form of Faust*. 127-135쪽.

안에 틀어박혀 있는 것이냐?"(398) 한편 파우스트로 하여금 한낱 유한자에 불과한 자신의 형상을 대면하게끔 만드는 바 그녀의 우스꽝스러운 등장에서도, 견디기 힘든 유한성으로의 추락은 거듭해서 일어납니다.* 그것을 거부하려 드는 순간 그에 대한 앙갚음으로 되돌아오고 마는 이 유한성의 변증법은, 고양과 전락이라는 진폭을 형성함으로써 비극적 성격의 원리를 구성하게 됩니다. 그리하여 파우스트적인 기질 안에 새겨진 이 진자 운동으로 말미암아, 파우스트는 자살의 문턱까지 나아간 바로 그 순간에, 부활절 합창 소리와 함께 다시금 현세로 향하는 발걸음을 내딛었던 것입니다.

이제 우리는 이 모노드라마의 원리를 대략적으로 그려 볼 수 있게 된 것 같은데, 여기에 나타나고 있는 그 의미론적인 일관성—그의 더없이 강렬한 형상에 의한 내적인 결합—은 이제까지의 연구들에서 중요하게 평가되지 않았던 한 문학적 전범과의 관계를 드러내고 있습니다. 우리가 살펴보고자 하는 것은 1372년경에 출간된 보카치오의 첫 번째 책 『이

---

* 보들레르는 산문시 「이중의 방(La Chambre double)」에서, 출판업자의 노크 소리에 의해 "영원"의 환상이 붕괴되고 시간의 지배력이 다시금 되살아나는 장면을— 나아가 독약병("아편병")을 통한 위안을 구하는 것에 이르는 장면을—그림으로써 『파우스트』의 극적 요소를 재현하고 있다.

교신들의 계보에 대하여(*Genealogia deorum gentilium*)』의 머리
말에 대한 이야기로, 클라우디안의『집정관 스틸리코의 시대
(*De consulatu Stilichonis*)』에 상세하게 인용되고 있습니다. 여기
에 수록된 장구들은 성 누가, 락탄티우스[1], 그리고 스타티우
스[2]의 저 유명한 **데모고르곤(Demogorgon)**적 형상을 담고
있는데, 보카치오는 대담하게도 이를 모든 이교신의 아버지
로 보고자 했습니다. 그가 데모고르곤을 가리키는 말인 "신
또는 지상의 지혜(Weisheit der Erde)"라는 표현으로부터 "지령
[지상의 정신(Erdgeist)]"이라는 이름을 떠올리는 것은 그다
지 어려운 일이 아닌데,* 그렇다고 해서 이와 같은 보카치오
와의 관계를 확인할 근거가 단순히 지령의 형상에만 있는 것
은 아닙니다. 괴테가 창조해 내고 있는 상들의 레퍼토리는 오
히려 전체적인 내용상의 측면들과 관계를 맺고 있기 때문입
니다. 이 레퍼토리는 교양 있는 독자들조차 알아볼 수 없는 그
런 불명료한 출처를 지니고 있는 것이 아니었으며, 소위 고대
적인 형상으로 회자되는 풍부하고도 시적인, 그리고 도상학

---

* 헤더리히(Benjamin Hederich)는 그의 『기초 신화학 백과(*Gründliches mythologisches
Lexikon*)』에서 "지령"이라는 이름이 데모고르곤의 다른 이름이라고 밝히고 있다.
쇠네(Albrecht Schöne)는 헤더리히가 괴테의 출처일 수 있음을 밝히고 있지만(FA I
/7/2, 216쪽), 헤더리히의 출처를 통해 데모고르곤의 형상이 나타나고 있다고 파악
할 근거는 없다.

적인 전통을 드러내고 있습니다.* 이러한 전통을 경유함으로써 우리는 비로소 「밤」을 통일된 장면으로 이해할 수 있으며, 어째서 파우스트가 처음에 "산꼭대기 주위를 영들과 함께 부유하고자"(394) 했는지, 또한 독배를 드는 장면에서는 어째서 "동굴의 입구"(733)를 거론하고 있는지를 정확히 알 수 있게 되는 것입니다. 이 장면에서 다루어지고 있는 것은 영원의 동굴이라는 토포스입니다. 파우스트는 **영원의 동굴**을 그의 돌파구로 삼고자 하며, 바로 이 지점에서 부유하는 영 또는 영혼, 행성들과 별들에 의해 상연되는 천문학적 질서(대우주/마크로코스모스), 자연의 가슴, 지령 또는 데모고르곤, 유한한 하나의 생 안에 생명의 부여와 앗아감이 공존하는 "탄생과 무덤"(504)의 모순된 형상 등등의, 「밤」 장면의 여러 에피소드를 따라 독자들 앞에 펼쳐지는 모든 것들이 보카치오와 그 이후의 전통에 합류하게 됩니다.

「밤」 장면의 내적 통일성에 대한 이해로부터 이끌어 낸 이러한 해석적 성과는, 이제 진정한 비극적 동역학을 구성하는

---

* 볼프강 켐프(Wolfgang Kemp)는 헨드릭 골치우스(Hendrik Goltzius)의 동판화에 대한 에세이에서 이러한 전통을 상세하게 소개하고 있다. *Die Höhle der Ewigkeit*, in: Zeitschrift für Kunstgeschichte 32/2(1969), 133-152쪽.

문제 영역들의 교차를 가시화해 주게 됩니다. 왜냐하면 영원의 동굴이라는 저 형상의 배경은, 다양하게 나타나고 있는 파우스트적 자기 고양들이 실제로는 시간이라는 하나의 요소를 둘러싸고 있는 것들이었음을 알려주기 때문입니다. 『파우스트』의 고유성은 작중 사건이 복잡하게 적층된 시간적 구조에 의해 구성되고 있을 뿐만 아니라, 사건들이 시간을 주제로 삼는 한편 그러한 주제 설정을 통해 극적 사건의 주된 동기를 마련해 내고 있다는 데에서 발견됩니다. 이는 특히 파우스트와 메피스토펠레스의 내기라는 극적 구성에서 잘 드러나고 있는데, 더불어 내기에 앞서 제시되는 모노드라마에서도 (보들레르가 간파했듯이) 시간의 문제는 중요한 밑바탕을 이루고 있습니다. 보카치오식으로 표현하자면, 「밤」 장면의 사건이 심어 놓은 가시가 시간과 영원을 떼어놓고 있는 것입니다. 메피스토펠레스가 제안하는 내기의 근본적인 조건과 그 역설적인 성격 또한 이 분리에 관계되어 있습니다. **파우스트는 눈앞의 현실 안에서 시간과 영원을 종합하는 데에 실패한 자입니다.** 이 실패는 파우스트의 존재에 나 있는 균열이며, 그는 이것을 결코 메울 수 없습니다. 균열을 메우려 할수록, 그것은 더욱 더 벌어질 뿐입니다.

Demogorgon in der Höhle der Ewigkeit (Hendrik Goltzius ca. 1588)

　파우스트적인 시간-테마를 둘러싼 이러한 관점은, 작품에
본질적으로 내재되어 있는 특수한 시간적인 대립을 통해 보
충되고 있습니다. 파우스트를 사로잡는 불쾌함은 시간이 흘

러가 버린다는 사실이 아니라, 오히려―다소 모순되게 보이겠지만―시간이 머무른다는 사실, 시간이 홀로 동떨어진 잔여물의 형상으로 굳어져 있다는 사실에 근거하고 있습니다. 파우스트가 보기에 유한성의 시간이란 곰팡내 나는 말라 버린 시간입니다. 이러한 주제는 그저 "불평하는"(385) 것에만 그치는 진부한 말에서부터, "수많은 무가치한 것들과 더불어/이 좁스러운 세계로 나를 몰아세우는 허섭스레기"(658-659)를 마주하며 내뱉는 한탄에까지 두루 걸쳐 있습니다. 유한한 시간은 파우스트의 세계 위에 먼지처럼 쌓여 있고, 연기처럼 흩어져 있습니다. 여기에 대비되는 영원의 본질은 『파우스트』에서 시간으로부터의 해방이 아니라, **순수한 생성의 상태**로 주어지며, 이러한 형상화는 달빛 아래를 자유로이 "떠다니고(Schweben)" "활동하고(Weben)"자 하는 환상에서부터 (394-395), "순수한 행위"(705)로 표현되는 자살 판타지에 이르기까지 두루 반복되고 있습니다. 결국 파우스트는 이미 완수된 신의 일회적인 창조가 아니라, 스스로 전진하며 활동하는 살아 있는 창조와 합일되기를 원하는 것입니다.

이처럼 「밤」 장면이 시간-테마에서 출발하고 있으며, 정체된 것들과 생동하는 창조의 대비를 통해 그 구조가 형성되고 있음을 참조함으로써, 이제 우리는 이 모노드라마가 노력이라는 전체 작품의 주제와 맺는 관계를 가시화할 수 있게 됩니다. 쉴러가 말했듯이, 여기서는 "불행한 노력"이 일어나는 한편, 그 혼란한 와중에 "원천"을 향한 잘못된 방향 전환이 일어나고 있습니다. 이로써 두 번째 문제 영역이 대두되는데, 우리는 이를 텍스트 내적인 관계의 지평을 통해서 보다 분명하게 확인할 수 있습니다. 모든 문제의 핵심은 오직—클라우디안의 시에서는 태양/아폴론으로 표현되는—신만이 영원의 동굴에 발을 들일 수 있다는 사실 안에 자리하고 있습니다. 만약 인간이 저곳에 발을 들이려 한다면, 그것은 곧 금기를 위반하는 일이자, 오만이며, 루시퍼적인 배은망덕이 되는 것입니다. **파우스트 소재의 비극적 컨셉은 시간-테마와 신화적-신성 모독적 경계 침범의 교차에 근거하고 있습니다.** 그리고 정확히 이러한 이유에서 「밤」의 모노드라마는 파우스트의 자살 충동에서 그 절정에 이르게 되는 것입니다. 파우스트에게 자살이란 절망의 행위가 아니며, 오히려 "순수한 행위의 새로운 영역"(705)으로 향하려는 발걸음입니다. 그리고 이와 같은 생각의 기저에는 아리스토텔레스로부터 토마스 아퀴나스를 거쳐 피히테에 이르기까지 메아리쳐 온 신의 개념이 자리하고 있습니다. 즉 파우스트의 자살 시도는 곧 자기 자신의 원천인 순수한 자기 생산적 활동을 경험해 보고자 하는 신적인 시도가 되는 것입니다. 창조를 둘러싼 동역학을 구성하고자 했던 괴테의 기획에는 이처럼 "인간의 권리가 신의 높이로부터 그다지 멀리 떨어져 있지 않다"(713)는 사실을 증명하려는 신화적 오만함이 깃들어 있습니다.

부활절 합창은 이와 같은 의미의 방향성을 선명하게 보여 줍니다. 이 방향성을 이해하는 관점은 다양할 것입니다만, 우선 저는 여기에서 그 의미론적인 밀도가 제대로 전달되지 못했던 두 관점에 대해서만 말씀드릴까 합니다. 먼저 살펴볼 것은, 파우스트가 그의 불행 속에서, 신성모독적인 노력을 기울여 가며 얻고자 했던 순수한 창조적 생성의 상태를 그리스도의 부활이 드러내 주고 있다는 사실입니다.

> 생성의 환희 속에
> 창조의 기쁨에 가까우시네.(789-790)

그러나 부활한 그리스도가 다시금 승천함으로써, 생의 감각을 각자에게 주어진 **현재** 안에서 찾아야 하는 제자들은 또다시 그리스도의 존재를 힘겨운 동경 속에 "애태우며"(794) 기다려야 하는 처지가 되어 버리고 맙니다. 말하자면 그리스도의 죽음은 제자들에게 파우스트의 모노드라마가 보여주었던 절망과 거의 동일한 문제를 던지고 있는 셈입니다.* 부활한 그리스도에게 주어지는 "생성의 환희"와 "창조의 기쁨"은, 제자들의 입장에서 보자면 단지 신과의 거리를 되새겨 주는 또 다른 고통이 될 뿐입니다. 영원과 시간은 언제나 서로 떨어져 있는 것입니다. 그런데 바로 이 지점에서, 뒤이어 등장하는 천사들의 노래가 신의 부재라는 문제적 상황에 대한 하나의 해결책을 제시해 줍니다. 모노드라마의 변증법적인 리듬을 타고, **충만한 사랑에 의해 인도되는 지상의 행위 안에 존재하는, 창조의 기쁨이 매개된 현존**이 해결책으로 제시됩니다. 「숲과 굴」장면의 미학적-학문적 바라봄의 경우와 마찬가지로, 신적인 것에 대한 사랑으로 충만해진 저 방향 전환은 직접적인 실현을 바라는 파우스트의 노력에 대한 대립상으로 제시되고 있습니다. 비탄에 잠긴 제자들에게, 천사들은 "행동으로 찬양하는"(801) 것을 요구하는 대신 아래와 같은 약속을 남깁니다.

---

* 괴테가 이 장면을 구성하던 때와 거의 비슷한 시기에, 헤겔이 사도들의 고난을 그리스도의 부활에 대한 그의 명민한 해석의 중심에 위치시켰다는 사실은 대단히 흥미롭습니다. Georg Wilhelm Friedrich Hegel: *Der Geist des Christentums und sein Schicksal*, in: Werke. Hg. von Eva Moldenhauer und Karl Markus Michel. Frankfurt a. M. 1986, 1권, 407-410쪽 참조.

스승은 [그대들에게] 가까이 계시며

그대들을 위해 여기에 오신다!(806-807)

신의 이름하에 수행되는 지상의 선행을 통해 매개되는 신의 현존은, 지령 장면에서 나타났던 창조의 직접성에 이르려는 노력과 극적인 대조를 이루고 있습니다. 때문에 지령은 파우스트를 향해 다음과 같이 호통 치는 것입니다.

여기 내가 왔노라!—그 무슨 초라한 공포심에

초인인 네가 붙들렸단 말이냐!(489-490)

모노드라마의 마지막 말—"스승은 그대들을 위해 여기에 오신다!"—이 갖는 극적 의미는, 저 말이 시간의 문제를 위한 해결 방안을 제시함으로써 섭리에 속한 노력에 성공적인 형식을 제공해 준다는 데에 있습니다. 신의 사랑으로 완성된 행위 안에 자리하는 저 시간과 영원의 종합은, 파우스트가 그의 존재에 속한 악마성으로 말미암아 성급하게 비극적인 위반을 저지름으로써 일구어 내려 했던, 따라서 필연적으로 실패할 수밖에 없었던 바로 그 종합이기도 합니다. 코러스의 합창에 의해 부활한 그리스도의 몫으로 공언되고 있는 저 "창조의 기뺨"이, 한편으로는 작품의 결말부인 「심산유곡」 장면을 선취하고 있는 것은 우연이 아닙니다. 이미 몇 차례 강조한 바 있듯이, 「밤」의 모노드라마는 전체 작품의 모델로 기능하고 있는 것입니다.

셸링적인 의미에서의 도취는 여기에서 독백으로서 상연되고 있는데[3], 유한한 경험의 영역 안에서 섭리적인 노력의 모순을 드러내는 작업은, 보다 엄격하게 구축된 비극적 신화를 필요로 합니다. 파우스트와 그레트헨의 극적인 플롯은 이러한 요구에 호응하기 위한 괴테의 고려로부터 비롯되었던 것입니다. 함축적인 스냅샷들로 제시되는 사건의 진행은 「거리」 장면의 첫 만남에서 「감옥」 장면의 참혹한 광경에 이르기까지 놀라울 정도로 빠르게 질주하고 있습니다. 극적 사건의 해석은 상이한 의미망들의 관계 속에서 그것을 이해하는 것만으로도 이루어질 수 있겠지만, 비극적 신화의 해명을 위해서는 무엇이 거기에 진정한 비극적 성격을 부여하고 있는가를 드러내 보이는 작업이 요구됩니다. 겉으로 드러난 것만을 보자면, 그레트헨 비극은 시민계급의 소녀가 유혹당하고, 그녀가 속한 공동체가 무시무시한 징벌을 가하는 이야기로 보입니다. 그렇지만 이것만으로는 결코 충분한 해석이 이루어질 수 없습니다. 만약 『파우스트』를 진정으로 이해하고자 한다면, 우리는 시민적인 도덕의 문제보다 한층 더 깊이 잠재되어 있는 비극적 사건의 의미 차원으로 향해야만 하는 것입니다. 그리고 이러한 접근을 위해서 경유해야만 하는 개념이, 바로 파우스트의 자살 시도에 대한 해석에서 등장했던 신성모독의 개념입니다. 적어도 제가 아는 한, 이 작품에 대한 그간의 연구들에서 신성모독의 개념이 중요한 역할을 한 사례는 거의 찾아볼 수가 없었던 것이 사실이지만 말입니다.

제가 우선 주목하고자 하는 것은 「저녁」 장면입니다. 「거리」의 만남에 즉각적으로 이어지고 있는 이 장면의 무대는 그레트헨의 작고 깨끗한 방입니다. 우리는 다른 것에 앞서 그레트헨이 홀로 방 안에 있음을 확인하게 되는데, 이때 그녀는 "고귀한 출신"(2681)으로 짐작되는 파우스트와의 만남을 머릿속에서 떨치지 못하고 있는 상태입니다. 여기에서 신분의 차이라는 이 테마는 [그 자체가 중요한 역할을 하기보다는—옮긴이] 에덴동산의 이야기 이래로 줄곧 유혹을 위한 기회를 제공해 왔던, 외출과 부재의 상황을 만들어 내고 있습니다. 즉 이 장면이 갖는 핵심적인 기능은 유혹이 이루어지기 위한 준비 과정에 있는 셈입니다. 그레트헨이 퇴장하자마자 파우스트와 메피스토펠레스는 소녀의 비밀스러운 방에 들어섭니다. 이러한 행위는 이미 성적인 분위기를 형성하고 있습니다. 여기에 나타나는 장면 전체가 사실상 소녀의 육체와 닫힌 방 사이의 은유적 등치에 근거하고 있으며, 이러한 등치는 사건의 포커스를 방 전체에서 닫힌 성물함으로, 마지막에는 보석 상자로 계속해서 이동시키는 극적인 강조에 의해서 뒷받침되고 있습니다. 그리하여 방 안으로의 침입은, 곧이어 그곳에서 일어날 일들을 예비하고 있는 셈입니다.

장면 전체에 배치되어 있는 이 성적인 은유를 강조하는 일은 무척 중요한데, 왜냐하면 이 장면에서 방 안에 들어선 파우스트가 가장 먼저 경험하는 것은 무엇보다도 비밀스런 방문의 목적을 상실하는 일처럼 보이기 때문입니다.

> 앞뒤 가릴 것 없이 곧장 즐기고자 했건만,
> 이제는 사랑의 꿈결들로 흩어져 버리는 것만 같구나!(2722-2723)

적지 않은 독자들이 파우스트의 말을 표면상으로 드러나는 차원에서 이해함으로써, 저 "사랑의 꿈"이 육체적인 정복이라는 메피스토펠레스의 방식과 결별하고 있다고 생각합니다. 그러나 실제로는 오히려 정반대입니다. 사랑에 대해 파우스트가 품게 되는 저 판타지는 그가 의도한 성적 결합을 의미론적으로-효과적으로 추동하고 있으며, 비극적인 의미를 더없이 확고하게 구축하고 있는 것입니다.

여기에 해당하는 의미론적인 투자는 크게 세 층위에서 일어나고 있습니다. 1) 좁은 방이 신적인 창조의 공간이 되고 (2687-2694), "감옥"이 "성스러운" 영역이 되는(2694) 상상의 확장,* 2) 파우스트가 "선조"(2701)의 역할을 수행하고, 그레트헨은 그에 대한 감사를 "높으신 그리스도"(2699)께 바친다는 가부장적인 판타지, 마지막으로 3) 파우스트가 갈망하던 "신의 형상"(2716) 그 자체라 할 수 있는 자연의 생성 과정으로 향하는 무아지경의 환상이 그것입니다. 자기에게 주어진 존재를 초월하는 상들로 채워져 있는 이 연쇄들은, 파우스트적인 열망이 갖는 근본적인 욕망의 목표를 우리 앞에 드러내 보이고 있습니다. 결국 소녀와의 성적인 결합이라는 상황은 그에게 있어 창조의 역동적인 전체성과의 내밀한 합일을 의미하고 있는 것입니다. 섭리적인 노력은 그리하여 "달콤한

---

* 「밤」 장면의 비행 판타지(386-397)에서 협소한 방 안을 우주적인 전체성으로 확장했던 것은 이 대목을 위한 리드미컬한-시각적인 대구를 이루고 있다.

육체"(4198)를 향유하는 데에서 그 충족의 가능성을 발견합니다. 선조들의 원천을 거슬러 올라가 그의(끝내는 신의) 지위를 강탈함으로써, 다시 말해 완전한 창조의 상을 장악함으로써, **파우스트의 성적 판타지는 그 자신을 원천으로 전치하고**, 이러한 의미에서 성적 판타지는 또 다른 **루시퍼적인 배은망덕함**을 제시하게 됩니다. 여기서 일어나는 극적인 사건은 파우스트에게 "가장 복된 그리고 가장 비참한 피조물"이라는 양면성을 부여하고 있습니다. 왜냐하면 파우스트의 열망은 많은 비극적인 열망들이 그러하듯이, 인간에게는 오직 금기를 위반한 오만함의 대가를 치르는 귀결만이 허락될 불가능한 목표를, 다시 말해 신적인 욕망을 향하고 있기 때문입니다. 『파우스트』가 비극으로서 뿌리내리고 있는 영역은 시민사회의 성도덕이 아니라, 어디까지나 신성성의 영역입니다. 그레트헨의 침실은—파우스트에게 충동을 불어넣는 판타지의 관점에서는—이오카스테와 데스데모나의, 아그리피나의 침실로 이어지는 계보 안에 존재하는 것입니다. 이 네 개의 공간들은 욕망과 폭력 그리고 잔혹함이 서로 뒤엉킨 곳으로서, 더없이 강렬한 극적 긴장감을 드러냅니다.

괴테는 신성성에 기반을 둔 저 욕망의 추구에 내재하는 근본적인 양면성을 두 개의 장면을 통해 분명하게 내보이고 있습니다.* 「마녀의 주방」에서 파우스트는 마법의 거울에 비친 여성의 "곧게 뻗은 몸"에서 "온 천상의 정수"(2438-2439)를 보았다고 생각합니다.** 신성한 금기를 둘러싼 양면성은 무엇보다도 "곧게 뻗은(hingestreckt)"이라는 과거분사 형태에서 드러나고 있는데, 여기서 괴테는 한편으로는 에로틱한 포즈(필리네!)를 암시하면서, 다른 한편으로는 죽은 자 혹은 부상당한 자를 암시하고 있는 것입니다.*** 욕망과 죽음은 거울에 비친 상 안에서 결코 분리될 수 없는 것으로 주어집니다. 그런 점에서 파우스트가 처음으로 그레트헨의 침실을, 그가 열망하던 결합의 무대를 바라보았던 순간은 대단히 중요합니다. 여

---

* 신성성이 지닌 이중성이라는 고전주의 연구의 중요한 테마에 대해서는 Roger Caillois: *L'homme et le sacré*. 2. Auflage. Paris 1950.

** 마법의 거울 에피소드는 음험한 (여기서는 메피스토펠레스의) 계략의 일환으로 마주하게 되는 형상에 의해 불붙는 열망이라는 비극적인 모티프의 변주로 나타난다. 괴테는 이 모티프를 방탕한 마녀의 영역으로 의미심장하게 옮겨 놓고 있다. 로헨슈타인(Lohenstein)의 「술탄 이브라힘(Ibrahim Sultan)」에서, 폭군 이브라힘은 아브레의 모습에 매혹되어 이 절조 있고 아름다운 (끝에 가서는 "매음굴의 복장"을 뒤집어쓰게 될) 소녀를 빼앗고 능욕한다. Daniel Casper von Lohenstein: *Türkische Trauerspiele*. Hg. von Klaus Gunther Just. Stuttgart 1953, 123쪽.

*** FA I /11, 584쪽: "너 자신, 너의 육신이 곧게 누운(hingestreckt) 것을 보나니,/너희의 시체 위에서 나의 숨이 돌아오는구나."(「마호메트(Mahomet)」); FA I /6, 360쪽: "얼마나 가혹한가/험준한 절벽이 나를 압도하며 뻗어 오는(hingestreckt) 것은."(「자연의 딸(Natürliche Tochter)」). 또한 『파우스트』에서는 2부의 2막 전체에 걸쳐 죽은 듯이 무기력하게 누워 있는 파우스트가 등장한다. "고풍스러운 침대 위에 누워 있는(hingestreckt) 파우스트"(「천장이 높고 둥근, 좁은 고딕식 방」 장면의 무대 지시에서).

기서 그는 자기도 모르게 "경악스러운 즐거움이 나를 사로잡는구나!"(2709)라는 말을 내뱉습니다. 만약 여기에서 파우스트를 사로잡고 있는 심리적인 요인을 도외시하게 된다면, 우리는 이 대담한 조어의 본질을 놓치고 말 것입니다.* 여기에서 다루어지고 있는 것은 그야말로 선명하게 드러나 있는 장르적 맥락에 대한 지시입니다. "경악"은 결말에 나타나는 파국이 불러일으키는 감각으로, 독일 비극의 전통은 이 개념을 압도적인 전율을 표현하기 위해 관습적으로 사용해 왔습니다. 이를테면 그리피우스의 작품들에서 "재와 경악"은 거의 상투적으로 사용되고 있는 것입니다. 가까운 시대로는 티크의 『괴테의 생일에 상연될 《파우스트》를 위한 프롤로그(*Prolog zur Aufführung von Goethes 《Faust》 an Goethes Geburtstage*)』(1829)에서, 『파우스트』 1부의 극화와 관련한 희망 사항이 다음과 같이 언급됩니다. "자애로운 빛을 경악으로부터 탈환할 것."** 마찬가지로 괴테 역시도 분명하게 장르적인 의미에서 저 개념을 사용하고 있습니다. 가령 「감옥」 장면의 파국으로 인해 산산이

---

*   Schöne는 이에 대해 **경악**은 이 모순 형용의 표현에서 '공포에 사로잡혀 벌벌 떠는 상태 이상을 의미한다'(DWb 8, 2179)고 설명한다.(FA I /7/2, 293쪽.)

**   Ludwig Tieck: *Gesammelte Werke*. 7권: Gedichte. Hg. von Manfred Frank. Frankfurt a. M. 1996, 433쪽.

무너져 내린 파우스트가 2부의 첫머리에서 불안하게 누워 있는 것을 보며, 아리엘은 그의 영혼을 지배하는, 그가 "경험해야 했던 경악"(4625)에 대해 이야기하고 있는 것입니다. 그렇다면 이러한 전후의 사실들을 경유함으로써 우리가 알게 되는 바는 명백합니다. 침실을 둘러보고 있는 파우스트가 그의 (성행위에 대한) 욕망이 겨냥하는 목표를 상상하며 느끼는 "경악스러운 즐거움"은, 즐거움인 **동시에** 비극적인 결말에 대한 예견이기도 한 것입니다. 경악의 순간은 그의 행위가 만들어내는 욕망의 국면 안에 이미 내재해 있습니다. **그가 저지르는 위반 안에서 즐거움과 경악은 하나가 되는 것입니다.** 이로써 비단 「저녁」 장면뿐만 아니라 그로부터 진행되는 모든 사건들의 의미가, 정확히 어떻게 파우스트의 상상을 끝맺는 아래의 말과 연관을 맺는지가 드러나게 됩니다.

> 혹 그녀[그레트헨]가 이 순간에 들어오기라도 한다면,
> 너는 네 이런 오만방자함을 어찌 속죄하려 하느냐!(2725-2726)

그레트헨과 파우스트를 둘러싼 비극적 사건의 차원은 창조 신학과 성애 문제의 뒤얽힘으로 나타납니다. 루시퍼적인 맹목이 파우스트의 시도 안에 스며들고, **자기 존재의 원천이**

자 신적인 것에 대한 체험으로서 절대적인 성행위가 이루어집니다. 섭리적인 노력이 범하는 이러한 오류는 배은망덕과 신성모독으로 나아감으로써 견딜 수 없는 고통을 초래하게 됩니다. 시간과 운명의 이 비극적인 뒤얽힘은, 파우스트가 처음 침대의 장막을 걷고 그의 욕망이 펼쳐질 무대를 바라보는 순간에 이미 그 공포가 떠오르게끔 만들었던 것입니다.*

성애의 테마가 갖는 비극적 성격에 대한 이 스케치는, 「저녁」 장면에서 시작되어 「마르테의 정원」에서 그 절정에 달하는 한편 어떤 전환점을 발견하는, 그리하여 마침내 「감옥」 장면의 고통스러운 결말에 이르는 사건의 전체적인 흐름을 통해 다시금 입증될 수 있습니다. 숨이 멎을 만큼 놀라운 극적인 경제의 세 층위가 여기에서 제시되는데, 즉 여기서는 1) 신성모독적인 열망이 정초되고, 2) 그 실행의 문턱을 넘으며, 3) 황폐한 풍경의 결말이 무대를 장악하는 것입니다. 우리는 잠시 두 번째 단계에 머물면서, 파우스트가 자신의 비극적 운명을 처음으로 시인하고 있는 「마르테의 정원」을 살펴보기로 하겠습니다. 이 장면은 그레트헨이 던지는 질문으로 잘 알려

---

* "장막"과 "무대"는 비극적인 것의 연극적 배치를, 즉 연극으로서의 비극을 나타낸다.

져 있지만, 어떻게 신앙을 주제로 한 저 대화가 파우스트와 그레트헨의 성적 관계를 가능하게 만들어 주는 수면제의 전달과 극적으로 연결될 수 있는가에 대한 질문은—만약 이런 의문이 제기된다면, 그레트헨의 질문에서 느껴지는 강렬함이 덜해지는 탓에—이제까지 거의 제기되지 않았던 것이 사실입니다. 이 질문에 대한 대답은—나아가 이 장면의 비극적인 의미에 대한 답변은—창조 신학과 성적 열망의 의미론적인 종합 안에 자리하고 있습니다. 신앙에 대해 묻는 그레트헨의 질문에, 파우스트는 그녀의 삶을 이끌어 주고 있는 신과의 관계가 **성애의 행위로 치환될 수 있다는** 답변을 내놓습니다.[4] 이 것은 아무렇게나 하는 말도, 혹은 대개의 주석들의 설명처럼 순진한 소녀를 꾀어내는 말도 아닙니다. 오히려 파우스트는 그가 행하는 성애의 행위를 통해, 신적인 것으로 고양되고자 하는 노력을 실현시키리라고 말하고 있는 것입니다. 정원이라는 배경의 설정이 결코 우연이라 할 수 없는 이 장면은, 말하자면 신성모독의 문턱 앞에 선 망설임을 그리고 있는 셈입니다. 그리하여 파우스트의 말로부터 시작되는 한밤중의 비밀스런 방문은, 저 신성모독을 실천하기 위한 구체적인 조건들을 구성하게 됩니다.

한편 세 번째 요소에 대응되는 「감옥」 장면에서 우리는 더

없이 새로운 의미론적인-극적인 구성을 발견하게 됩니다. 여기에서 중점적으로 살펴보아야 할 것은 신성모독의 관점입니다. 1950년대에는 그다지 주목받지 못했던 논문에서, 케네스 버크(Kenneth Burke)는 그레트헨이 "완벽한 희생양"이라고 주장한 바 있습니다.* 이러한 설명은 이중적인 의미를 갖는데, 그중 하나는 우선 『파우스트』가 처음부터 조롱·박해·배제의 사회적인 과정들에 뚜렷하게 주목하고 있었다는 관점입니다. 이러한 경향성은 「성문 앞」 장면에 등장하는 민중들의 묘사에서 이미 드러나고, 「아우어바흐의 술집」에서 첨예화되며, 공공사회의 종교와 법에 의한 그레트헨의 수난에서 절정에 이르게 됩니다. 그렇게 본다면 「대성당」 장면은 흡사 이단 심문을 떠올리게 하는 것입니다. 그러나 이에 못지않게 그레트헨은 유한자로서 무한에 관여하고자 하는 파우스트의 신성모독적인 시도가 만들어 낸 희생양이기도 합니다. 파우스트가 「마녀의 주방」과 「발푸르기스의 밤」에서도 마찬가지로 경험하게 되는, 탐닉된 소녀의 몸에 대한 상상에 수반되는 양가적인 성격(쾌락/폭력)은, 파우스트의 열망이 **희생제의의 집행에 대한 본질적인 열망**임을 드러내 주고 있습니다. 이 상상 안에

---

*   Kenneth Burke: *Goethe's 《Faust》, Part* Ⅰ, in: *Languate as Symbolic Action. Essays on Life, Literature, and Method*, Berkeley—Los Angeles—London 1966, 139-162쪽.

서 신성모독과 징벌은 즐거움과 경악, 혹은 쾌락과 폭력만큼이나 불가분의 관계를 이루고 있는 것입니다. 이러한 불가분의 관계는 신화적인 정당성을 지탱하는 근본적인 결합이자, 비극을 구성하는 근간을 이루고 있습니다. 징벌이 경악스럽게 행해지는 순간에, 앞에서도 인용한 바 있는 「바쿠스의 무녀들」의 서술처럼 "정당한, 그러나 제멋대로인" 힘이 드러납니다. 이해할 수 없는 희생은 비극을 구성하는 힘의 원천인 것입니다.*

물론 이러한 설명만으로 저 장면의 비극적인 의미가 전부 설명되는 것은 아닙니다. 괴테가 구상하고 있는, 창조의 정당화 과정으로서의 비극의 전체 구조 역시 이 지점에서 그 (잠정적인) 결말을 이루고 있기 때문입니다. 그레트헨의 의식 안에서 일어나는 사건의 진행은 이러한 포괄적인 관계를 결정적으로 반영하고 있습니다. 처음 그녀는 사랑에 대한 열망으로 인해 극단으로 치닫는데, 「마르테의 정원」에서 나눈 파우스트와의 대화는 그녀의 가슴 속을 파고들어 떠나질 않으며, 완연한 곤경과 고통의 순간에서조차 그녀는 파우스트가 이야기

---

* 이 주제에 대한 풍부한 참고문헌들을 제공하고 있는 연구로는 Walter Burkert: *Wilder Ursprung. Opferritual und Mythos bei den Griechen*, Berlin 1990.

했던 사랑의 이념에 전적으로 자기를 내맡깁니다. 그녀는 그를 안고 싶어 하고, 그의 키스에서 천상의 열망을 다시금 느끼고자 합니다(4489). 그러나 파우스트가 감행하는 자기 고양의 시도를 신의 섭리로 되돌리고자 하는 그레트헨의 시도는, 사랑에 미친 나머지 횡설수설하는 소녀를 마주하고 당황스러워하는 연인의 모습을 보게 될 뿐입니다. 정확히 이 아이러니한 급변과 더불어 그레트헨의 의식은 결정적으로 방향을 틀게 됩니다. 지난날 사랑의 불길을 일으켰던 이의 침묵과 차가움은, 그토록 주저 없이 뛰어들었던 신성모독적인 사랑의 망상으로부터 그녀가 등을 돌리는 계기가 됩니다. 여기에 해당하는 무대 지시 역시 그녀가 **그에게서 등을 돌릴** 것을 주문하고 있는 것입니다(4497 이하). 그렇지만 이와 같은 거부는 파우스트를 향한 사랑을 부정하는 선택이 아니라, 어디까지나 저 사랑이 갖는 신성모독적인 성격에 대한 거부를 겨냥하고 있습니다. 파우스트를 부르는 그레트헨의 마지막—1부의 마지막이기도 한— 말은, 그를 그리는 소녀의 외침이 아니라, 오히려 순수한 사랑의 형식으로 그를 인도하고자 하는 시도로 이해되어야 합니다. 즉 이것은 창조의 원리로서의 사랑이 신성모독적인 날조에 맞서 스스로를 입증해 내고자 하는 의식인 것입니다.

이러한 의식은 극적인 진행을 통해 보다 확실해지게 될 신정론적 질문들의 귀결을 내포하고 있습니다. 결국 마지막 순간에 등장하는 메피스토의 말은, 오직 「천상에서의 서곡」에서 정초된 신정론의 의미를 참조함으로써만 제대로 이해될 수 있는 것입니다. "그녀는 심판받았도다"(4611)라는 메피스토펠레스의 말은 단순히 갈 곳 잃은 그레트헨의 처지를 폭로하는 데에 그치는 것이 아닙니다. 그는 이 말을 통해 창조에 대한 엄숙한 선고를 내리고 있는 것입니다. 메피스토펠레스는 그레트헨의 "돌이킬 수 없는 고통"(「흐린 날, 벌판」의 파우스트의 말에서)을, 그가 앞서 주장했던 창조의 가련한 실패에 대한, 그리고 노력의 무용함에 대한 증거로 내세웁니다. 그가 다음 순간에 파우스트에게 "이리로 오시오!"(4611)라고 말할 때, 메피스토펠레스의 이 말은 파우스트가 최종적으로 스스로의 근원을 배반하고 메피스토의 길로 인도되었다는, 일종의 승리 선언입니다.* 이때 "아, 차라리 내가 태어나지 않았더라면!"이라는—비극의 언어이자, 창조에 대한 부정을 드러내는—파우스트의 말은 메피스토펠레스의 자신만만함을 뒷

---

* 「천상에서의 서곡」에서 신의 말은 이 내기의 조건을 설명해 주고 있다. "그의 정신을 근원에서 끌어내어/이끌어 보거라, 네가 그리할 수 있다면,/너의 길로 말이다."(323-325)

받침하는 근거가 되는 것입니다. 그러나 아시다시피 **천상의 음성**이 울려오면서 메피스토펠레스의 저 선고를 바로잡습니다. "그녀는 심판받았도다!"가 아니라, "(그녀는) 구원받았도다!"(4611)로 말입니다. 일반적인 주장들처럼 저 음성을 초재적인 존재에 의한 극적인 사건에 대한 개입으로 이해해서는 안 됩니다. 오히려 그것은 **비극적인 과정 안에 자리하는 내재적인 의미** 자체를 보여주고 있기 때문입니다. 신앙에 대한 욥의 확고부동함과 솔직한 태도를 두고, 칸트는 욥의 태도야말로 "있는 그대로의 설명이자 직접적인 신의 음성"이며, 따라서 "진실된" 신정론을 보여준다고 설명합니다.* 우리는 그레트헨의 사랑을 동일한 방식에 의거하여 설명할 수 있습니다. 사랑을 품음으로써—여기에 해당하는 18세기의 중요한 판례가 존재합니다**—그녀는 욥이 보여주었던 모범적인 역할을 자신이 떠안았던 것입니다. 그러므로 우리는 여기서 신의 목소리로 등장하는 저 **천상의 음성**을 어디까지나 칸트적인 음성으로 받아들일 필요가 있습니다. 신의 저 개입은 그레

---

*   Kant: *Werke*, 11권, 116쪽.

**   Samuel Richardson: *Clarissa, or, The History of a Young Lady*(1747-1748). 다만 클라리사는 욥의 역할을 그녀의 미덕에 따라, 그레트헨은 그녀의 사랑에 따라 짊어진다는 차이가 존재한다.

트헨이 견뎌내야만 했던, 그러나 또한 그것을 견뎌냄으로써 그녀의 사랑에 순수성을 부여하게 될 운명의 의미를 선언하고 있는 것입니다. 초재적인 신이 극적인 사건에 침입하는 일은 결코 일어나지 않습니다. 만약 그랬다면 이 작품은 한낱 비극에 불과한 것으로 스러져 버리고 말았을 것입니다. 반면 비극 장르에 대한 괴테의 성찰 안에서, 비극의 개념은 이렇듯 극단화된 존재 부정의 경계에까지 이르며, 창조의 원리로서 사랑이 갖는 힘을 증명하기 위한 일종의 법정을 형상화하는 데로 나아가게 됩니다. 극의 결말을 가로지르는 서로 다른 음성들 간의 불일치를 통해, 미학적인 신정론으로서의 비극은 완성되는 것입니다.

1 초기 기독교의 신학자이자 저술가였으며 콘스탄티누스 1세의 자문을
   맡았다. 그의 사상은 후에 이단으로 정죄되었지만, 르네상스기에 그의
   저작들이 높은 수준의 수사학을 보여주는 라틴 문학으로 재발견되면서
   각광을 받았다.

2 도미티아누스 황제의 후원을 받았던 로마 제정기의 대표적인 시인이다.

3 셸링은 어떤 행위 또는 활동이 자유로우려면 의식적 활동(자유)과 몰의
   식적 활동(필연) 간의 동일성이 획득되어야만 한다고 주장한다. 파우스
   트의 모노드라마에서는 언뜻 그의 도취된 황홀경 속에서 이러한 동일성
   이 획득되는 것처럼 보이지만, 지령에 의해 그것이 환상에 불과했음이
   폭로된다.

4 "(……) 당신과 이렇게 눈과 눈을 마주 보고 있으면,/ 온갖 것이 당신 머릿
   속으로,/ 당신 가슴속으로 치밀고 들어가,/ 영원의 신비에 싸여 당신 곁
   에서,/ 보일 듯 말 듯하며 움직이고 있지 않소?/ (……)/ 그것을 행복 · 진
   정 · 사랑, 혹은 신이라고 하든,/ 그대가 좋은 대로 이름을 붙이면 되는
   거요."(3431-3458)

저자에 대하여

David E. Wellbery
데이비드 E. 웰버리

데이비드 E. 웰버리(David E. Wellbery)는 1947년 뉴욕 쿠퍼스타운에서 태어나, 1969년 뉴욕 주립대에서 독문학 학사학위를, 1977년 예일대에서 독문학 박사학위를 받았다. 1975-1983년에는 조교수로, 1983-1987년에는 부교수로, 1987-1990년에는 독어독문학 및 비교문학 정교수로 스탠포드 대학교에서 재직했다. 1990-2001년에는 독어독문학 정교수로 존스 홉킨스 대학교에 재직했다. 2001년부터 LeRoy T. and Margaret Deffenbaugh Carlson 대학교에서 독일학 교수로 재직하였으며, 시카고 대학교에서 사회사상 연구위원회 소속으로 활동했다. 2001-2012년에는 같은 곳에서 독문학 및 독일 문화를 연구하는 학제 간 연구센터의 소장을 역임하였다. 본 대학교 · 코펜하겐 대학교 · 프린스턴 대학교 · 리우데자네이루 시립대학교에서 초빙교수로 재직하였으며, 1989-1990년에는 베를린 학술협회 회원으로, 1994-1996년에는 베를린 문학연구센터의 객원 연구원으로, 2002-2003년에는 뮌헨 Carl Friedrich von Siemens 재단 회원으로 활동하였다. 2005년 알렉산더 폰 훔볼트 상을 수상하였으며, 2008년부터 지금까지 바이에른 학술 아카데미에 참여하고 있다. 2009년부터 지금까지 미국 예술 및 학술 아카데미와 독일 언어 및 문학 아카데미에 참여하고 있으며, 2012년 이래로 레오폴디나 국립 학술 아카데미에 참여하고 있다. 2010년 콘스탄츠 대학교 명예 박사 학위를 받았다. 2010년 독문학 연구 및 국제학술교류에 이바지한 공로를 인정받아 야콥 및 빌헬름 그림 상을 수상하였다. 1998년 이래로 계간 『독일문예학 및 사상사(*Deutschen Vierteljahrsschrift für Literaturwissenschaft und Geistesgeschichte*)』의 공동 주간을 맡고 있다. 주요 저서로는, 독문학계의 고전으로 평가받는 『레싱의 라오콘—이성의 시대의 기호학과 미학(*Lessing's Laocoon. Semiotics and Aesthetics in the Age of Reason*)』 (Cambridge University Press, 1984)과 『반영의 순간—괴테의 초기 서정시와 낭만주의의 시작(*The Specular Moment: Goethe's Early Lyric and the Beginnings of Romanticism*)』(Stanford University Press, 1996) 외에도 다수의 저작이 있다. 그 가운데 그가 책임 편집한 『새로운 독일문학사(*A New History of German Literature*)』 (Harvard University Press in 2004) 역시 많은 주목을 받기도 했다.

[저자의 다른 저서들]

Lessing's Laocoon: Semiotics and Aesthetics in the Age of Reason. Cambridge 1984(Taschenbuchausgabe 2009).

Goethes Harzreise im Winter. Eine Deutungskontroverse. Hg. mit Klaus Weimar. Paderborn 1984.

The Specular Moment. Goethe's Early Lyric and the Beginnings of Romanticism. Stanford 1996.

Schopenhauers Bedeutung für die moderne Literatur. München 1998.

Seiltänzer des Paradoxalen. Aufsätze zur ästhetischen Wissenschaft. München 2006.

Deutscher Geist. Ein amerikanischer Traum. Hg. mit Ernst Osterkamp, Katalog. Marbach am Neckar 2010.

Das leiblich Imaginäre. Goethe, Nietzsche, Musil. Konstanz 2016.

Die Bedeutung des Sehens im Werk Goethes, Sondernummer *Deutsche Vierteljahrsschrift für Literaturwissenschaft und Geistesgeschichte*. Hg. mit Dorothea von Mücke. Januar 2001.

A New History of German Literature. Hg. David E. Wellbery et al. Cambridge 2004(Deutsche Übersetzung 2007). Darin Beiträge zu *Die Leiden des jungen Werther* und zu *Faust*.

Die Gabe des Gedichts. Goethes Lyrik im Wechsel der Töne. Hg. Gerhard Neumann und David E. Wellbery. Freiburg 2008.

Die Wahlverwandtschaften. In: Paul Michael Lützeler (Hg.): *Goerhes Erzählwerk. Interpunktionen*. Stuttgart 1985, 291-318쪽.

Morphisms of the Phantasmatic Body: Goethe's *Sorrows of Young Werther*. *In:* Veronica Kelly und Dorothea von Mücke (Hg.)*: Bodies and Texts in the Eighteenth Century.* Stanford 1994, 181-208쪽.

Kunst—Zeugung—Geburt: Überlegungen zu einer anthropologischen Grundfigur. In: Christian Begemann und David E. Wellbery (Hg.): *Kunst—Zeugung—Geburt. Theorien und Metaphern der Kunstproduktion in der Neuzeit*. Freiburg i. Br. 2002, 9-36쪽.

Goethes Lyrik und das früromantische Kunstprogramm. In: Walter Hinderer (Hg.): *Goethe und die Romantik*. Würzburg 2002, 175-192쪽.

Wahnsinn der Zeit. Zur Dialektik von Idee und Erfahrung in Goethes *Elegie*. In: Gerhard Neumann und David E. Wellbery (Hg.)*: Die Gabe des Gedichts. Goethes Lyrik im Wechsel der Töne.* Freiburg i. Br. 2008, 321-355쪽.

Zur Methodologie des intuitiven Verstandes. In: Johannes Haag und Markus Wild (Hg.): *Übergänge—Diskursiv oder intuitiv?* Frankfurt a. M. 2013, 259-274쪽.

Die Imagination der Freiheit. Goethe als Zeitgenosse Hegels. In: Gunnar Hindrichs und Axel Honneth (Hg.): *Freiheit. Stuttgarter Hegel-Kongress* 2011. Frankfurt a. M. 2013, 32-54쪽..

Zwei Sprachgebärden in Goethes Liebeslyrik. In: Carsten Rohde und Thorsten Valk (Hg.): *Goethes Liebeslyrik. Semantiken der Leidenschaft um 1800.* Klassik und Moderne. Schriftenreihe der Klassik stiftung Weimar, 4권. Berlin 2014, 203-223쪽.

Form und Idee. Skizze eines Begriffsfeldes um 1800. In: Jonas Maatsch (Hg.): *Morphologie und Moderne. Goethes 《Anschauliches Denken》 in den Geistes-und Kulturwissenschaften seit 1800.* Berlin 2014, 17-42쪽.

On the Logic of Change in Goethe's Work. In: *Goethe Yearbook* XXI(2014), 1-22쪽.

옮긴이의 말

이강진

이 책의 저자는 『파우스트』를 "비극적 형식에 대한 성찰"로 정의하고 있습니다. 어째서 그는 문학 연구나 비평도 아닌, 그 자체로 위대한 고전으로 살아남은 작품을 '문학 형식에 대한 성찰의 기획'으로 규정했던 것일까요? 저자의 이러한 규정이 『파우스트, 한 편의 비극』이라는 괴테의 원제를 해명하기 위한 시도였다면, 여기서는 이제 "비극적 형식에 대한 성찰"이라는 이 책의 주제에 대한 해명을 시도해 보고자 합니다.

'비극'이라는 커다란 개념은 일단 뒤로 미루어 두기로 하고, 우선은 '성찰(Reflexion)'이라는 말이 갖는 의미를 살펴보는 것으로 이야기를 시작해 보도록 하겠습니다. 표제에서는 불필요한 오해를 피하기 위해 부득이하게 '성찰'이라는 표현을 택했지만, 사실 '반성'이라는 번역어가 널리 사용되는 데에는 그만한 이유가 있습니다. 칸트는 반성적 판단력을 오성의 대상인 객관에 관계하는 능력이 아니라, 대상이 이성의 목적 및 이성 자체에 적합한지의 여부에 관계하는 능력으로 보았습니다. 이러한 중층적 성격으로 말미암아, 반성적 판단은 양방향적인 의미를 갖게 되는 것입니다. 우선 반성적 판단은 전적으로 객관의 대상으로만 향하는 지각이 아니라, 온전히 우리의 이성에 의해 추동되는 과정으로 주어집니다. 그런 점에서 보자면 우리는 Reflexion의 본질이 이성에 의한, 그리고 이성에 대한 '성찰'에 있다고 할 수 있겠지요. 그렇지만 반성적 판단은 한편으로 객관적 대상이 없이는 이루어질 수 없는데, 왜냐하면 반성적 판단이란 이성의 내부에만 국한된 활동이 아니라, 객관적인 대상을 이성의 활동에 (합목적적으로) 종합시키고자 하는 과정이기 때문입니다. 그런 점에서 보자면 Reflexion이란 우리가 저 단어를 보고 우선 떠올리게 되는 말인 '반사(Reflection)'처럼, 우선은 대상으로부터 비쳐 나오는 것이라고도 할 수 있지요. 때문에 우리는 저 두 가지 방향성을 종합함으로써 Reflexion을 '반-성'으로, 즉 '대상을 계기로(反) 이루어지는 성찰(省)'로 받아들일 수 있는 셈입니다.

반성의 이러한 중층적인 성격은 이 책에서 다른 칸트적 개념들과 긴밀하게 호응하며 그 의미를 심화시키고 있습니다. 가령 1장에서 언급되는 칸트적 "계승(Nachfolge)"의 개념은, 그와 같은 심화를 통해 사실상 책 전체의 주제를 압축적으로 제시해 내고 있다 해도 과언이 아닐 것입니다. '계승'의 개념부터가 이미 장르에 대한 성찰인 동시에, 장르 자체의 개념을 작품의 내재적인 목적과 종합시키는 것에 대한 요구를 이루고 있기 때문입니다. 달리 말하자면, 저자가 강조하고 있는 칸트적 의미의 계승이란 결국 장르 및 장르의 역사에 대한 반성 그 자체인 셈입니다. 다소 난해하게 다가올 수 있는 2장 「휴지(休止)」 또한 반성 개념의 저 양방향성을 참조함으로써 보다 쉽게 이해될 수 있습니다. 괴테가 비극의 중요한 형식적 원리인 휴지를 '반성적으로' 작품 안에 녹여 내고 있다는 사실을 차치하더라도, 무엇보다도 휴지의 형식적 원리부터가 반성적 성찰의 과정을 따르고 있기 때문입니다. 만약 극적 사건이 쉴 새 없이 우리에게 몰려들고, 우리가 그것을 단순히 받아들이는 데에만 급급하다면, 우리는 극적 사건의 의미를 제대로 사유할 수 없을 것입니다. 이때 휴지의 존재로 인해 저 연쇄가 중단됨으로써, 우리는 비로소 극적 사건을 하나의 대상으로서 점유할 수 있게 되며, 그것을 우리 자신의 이성적 판단에 따라 사유할 수 있게 되는 것입니다. 이외에도 이 책의 거의 모든 개념들은 이렇듯 반성 개념을 중요한 토대로 삼고 있기 때문에, 이 개념이 지닌 양방향성을 지속적으로 상기해 보는 것은 이 책을 이해하는 데 큰 도움을 준다고 할 수 있겠습니다. 물론 본문에서 제공되는 내용들은 각각의 개념들이 어떻게 반성적으로 구성되고 작용하는가에 대한 해명에 머물지 않으며, 그것이 『파우스트』라는 구체적인 작품 안에서 어떻게 형식적으로 구성되며 통일된 작품을 이루어 가는가 하는 질문으로 나아가고 있기 때문에, 실제로는 위와 같은 선명한 도식화가 불가능한 경우가 더 많은 것이 사실이겠지만 말입니다.

반성 개념에 못지않게 이 책에서 중요하게 다루고 있는 또 하나의 개념은 '정당화'입니다. 우선은 여기에서도 번역과 관련한 변명을 조금 늘어놓아야 할 것 같은데요, 이 책에서 'Rechtfertigung'이라는 말은 1) 대상에 대한 부당한 비난을 제거한다는 '변호'의 의미, 2) 스스로의 주장과 원칙의 정당성을 적극적으로 입증하는 행위로서의 '정당화'의 의미(이것 역시 칸트적 개념 사용과 분명히 맞닿아 있습니다), 그리고 3) 기독교적 믿음에 대한 정당화로서의 변신론 또는 신정론의 의미를 모두 포괄하는 말로 사용되고 있습니다. 일상적인 의미로 보아 넘길 수 있는 첫 번째 의미는 그렇다 치더라도, 특히나 나머지 두 의미는 이 책에서 거의 하나의 의미망 안에서 움직이고 있으며, 그럼으로써 창조(된 세계)의 정당화와 주체의 자기 정당화를 하나의 개념 안에 종합해 내고 있습니다. 물론 이러한 난해함을 저자가 의도한 것이라고는 보기 어려울 수 있는데, 왜냐하면 독일어의 입장에서 보자면 'Rechtfertigung'이라는 말을 명시적으로 사용하는 것만으로도 이미 주체의 자기 정당화 문제에 자연스럽게 기독교적 세계 이해와 세속화의 문제를 끌어들이는 것이 가능할 것이기 때문입니다. 반면 우리말의 경우 '정당화'나 '신정론' 중 어느 번역어를 택하더라도, 여전히 어딘가 부족한 의미를 전달할 수밖에 없었던 까닭에, 본문에서는 궁여지책으로 비교적 넓은 개념을 최대한 취하는 한편, 명백하게 신정론의 문제를 다루고 있거나 아예 'Theodizee'라는 말이 사용된 경우에만 특정하여 옮겼습니다.

이렇듯 구구절절한 변명을 늘어놓아야 했던 까닭은, 이 책에서 논의되고 있는 정당화의 문제가 다름 아닌 저 다의성과 밀접하게 연관되어 있기 때문입니다. 정당화의 문제는 『파우스트』의 가장 근본적인 토대를 이루는 주제라 할 수 있으며, 이는 「천상에서의 서곡」에서 「심산유곡」에 걸쳐 형성되어 있는 작품의 큰 테두리를 통해 제시되고 있습니다. 그렇지만 이 책은 신정론이라는 종래의 주제를 단순히 반복하는 대신, 저 주제를 중심으로 시도되는 『파우스트』의 반성적 성찰을 세세하게 고찰해 내고 있습니다. 종합적 개념으로서의 '정당화'가 요청되는 것은 이러한 이유에서인데, 왜냐하면 저자는 신정론에 대한 괴테의 반성적 접근이 미학적 인간학을 경유하여 이루어지고 있으며, 이를 통해 『파우스트』의 전체 주제가 신의 존재나 신의 섭리를 둘러싼 상투적인 논쟁적 지평들 너머로 나아가고 있음을 세세하게 살피고 있기 때문입니다. 이해를 돕기 위해 다소간의 비약을 무릅써 보자면, 여기에 대한 책의 설명은 아마도 다음과 같이 요약될 수 있을 것 같습니다. 『파우스트』는 직접적인 모티프의 층위에서는 좁은 의미의 신정론

—섭리에 대한 의문—에 관계하지만, 그러한 문제를 '반성적으로' 성찰하고 형식화함으로써, 전체적인 주제와 구성의 차원에서는 넓은 의미의 정당화—창조 행위와 세계의, 그리고 인간적인 주체 자신의 정당성 문제—와 관계하고 있다고 말입니다. 따지고 보면 말장난에 가까운 설명이지만, 부끄럽게도 저로서는 이렇게 표현하는 것 외에는 다른 좋은 방법을 떠올리지 못할 것 같습니다.

세계의 정당화와 주체의 자기 정당화의 종합이라는 문제는 그리하여 이 책에서 제시되고 있는 또 다른 핵심 개념인 자기 고양 또는 자기 초월의 문제로 향하게 됩니다. 이미 짐작하고 계시겠지만, 저자가 주목하고 있는 비극의 근본 개념은 바로 이 지점과 밀접한 연관을 맺고 있지요. 자기 고양 또는 자기 초월이라는 주제를 통해, 저자는 비극이라는 전통적 장르에 대한 고찰이 단순히 『파우스트』의 창작 과정을 둘러싼 영향사적 검토의 문제만이 아니었음을 역설합니다. 특히 유한자와 무한자의 문제, 시간과 영원의 문제 등을 경유함으로써 집중적으로 논의되고 있는 자기 초월의 문제는, 무엇보다도 비극이라는 장르 형식을 매개함으로써 자기 고양이라는 비극의 전통적 주제가 자기 초월이라는 근대적 미학관 및 독일 관념론의 주제와 탁월하게 종합될 수 있다는 가능성에서 출발하고 있습니다. 여기서 놓치지 말아야 할 점은, 자기 고양과 자기 초월이라는 두 개념들은 서로 유사하면서도 전혀 다른 의미를 지닌다는 사실입니다. 전자는 인간의 오만이 야기하는 자기 확장의 욕구를, 후자는 인간이 피조물로서 또는 유한한 존재로서 갖게 마련인 한계를 넘어서고자 하는 근원적 의식을 지칭하고 있기 때문입니다. 그렇지만 한편으로는 저자가 여러 차례 강조하고 있듯이, 두 가지 개념은 그 선명한 차이에도 불구하고 실제로는 하나의 동역학 안에서 작동하고 있습니다. 양자의 차이를 만들어 내는 것은 다만 인간 존재가 지닐 수밖에 없는 한계가 금기로 주어지고 있는지, 혹은 과제로 주어지고 있는지의 여부에 불과한 것입니다.『파우스트』를 비극으로 규정한 괴테의 의도를 성찰한다는 이 책의 기획이 궁극적으로 겨냥하는 것 역시 이와 같은 둘의 역설적인 종합에 있다 해도 과언이 아닐 텐데, 실제로 우리는 본문에서 두 개념이 다양한 맥락들 속에서 서로 뒤얽히며, 결과적으로는 하나의 개념으로 회귀하고 있는 것을 확인할 수 있는 것입니다.

그런데 한편으로 생각해 보면,『파우스트』에 대한 일반

적인 통념들에 비추어 볼 때, 우리가 메피스토펠레스와의 계약 이후에 이루어지는 파우스트의 수많은 행위들을 자기 초월의 개념과 즉각적으로 연결시키기란 다소 난감하게 느껴지는 것도 사실입니다. 특히나 이러한 어려움은 논의의 대상을 그레트헨이라는 명백한 희생양이 등장하는 1부에 한정하게 되면 더욱 불거지게 되지요. 누구든 이 작품을 알고 있는 사람이라면, 순진한 소녀를 희생시키고 죄 없는 사람들을 파멸로 몰아넣는 파우스트의 좌충우돌이 도대체 무슨 노력이 되기에 그가 마지막에 구원받느냐는 반문을 한 번쯤 들어보셨을 겁니다. 하지만 이러한 의문과 관련해서 우리가 짚고 가야 할 사실은,『파우스트』의 주제로 자주 언급되는 '노력'을 자기 초월의 문제와 연결시키는 것은 결코 단순히 이 책의 자의적인 해석이 아니라는 점입니다. 오히려 우리가 자주 접해 왔던 해석, "멈추어라, 너는 정말 아름답구나!"(1700)라는 말을 둘러싸고 벌어지는 파우스트와 메피스토펠레스의 내기를 '파우스트가 수행하는 노력이 끊임없이 계속될 수 있는가'를 둘러싼 내기로 이해하는 방식이야말로, 실제로는 작품의 내재적인 의미와 충돌하고 있다 해도 과언이 아닐 것입니다. '노력'으로 번역되는 'streben'은 문법적으로는 자동사로 쓰이지만,

의미상으로는 노력을 통한 추구의 대상이 될 '무언가'를 반드시 요구할 수밖에 없습니다. 그렇게 본다면 악마가 제안한 내기의 본질은 노력 자체가 지속되는가의 유무가 아니라, 그것이 어디를 향하고 있느냐의 문제로 이해될 수밖에 없는 것입니다.

> 가까운 것이든, 먼 것이든 간에
> 그의 가슴 속 깊은 충동을 만족시킬 수는 없단 말입니다.
> (306-307)

이러한 '노력'의 의미가 정확히 이해될 때, 우리는 비로소 자기 초월의 문제가 어떻게 파우스트적 인물을 구성하게 되는가를, 그리고 그의 저 '노력'이 어째서 구원의 대상이 될 수 있었는가를 확실하게 파악할 수 있게 됩니다. 신과의 내기, 그리고 파우스트와의 내기에서 메피스토펠레스가 보이는 자신만만함은 파우스트가 추구하는 저 '무엇'이 창조의 섭리에 의해서는 끝내 제공될 수 없으리라는 확신에서 비롯되고 있습니다. 악마의 관점에서 보기에 이 세계는 말하자면 '전통적인' 비극의 세계에, 즉 이해할 수 없는 질서가 인간을 지배하는 세계에 여전히 머물러 있

는 셈인데, 왜냐하면 메피스토가 보기에 신은 인간에게 이
성을 줌으로써 인간이 스스로의 한계를 인식하도록 만들
었으면서도, 그것을 넘어서려는 시도를 엄격하게 금하고
있기 때문입니다. 그가 다름 아닌 파우스트의 절망이 절정
에 달한 순간에 모습을 드러내는 것 또한 이러한 이유에서
라 할 수 있지요. 도저히 도달할 수 없는 절대적 진리 앞에
절망하는 인간적 정신에게, 악마는 무한한 마법적 가상의
제공을 약속하며, 유한한 존재에게 허락된 영역인 현세를
"어떤 짐승보다 더 짐승 같이"(286) 누리는 데 만족하라고
그를 유혹하는 것입니다.

> 그의 정신을 그의 근원으로부터 끌어내어,
> 그를 붙들 수 있다면, 그를 잡아끌어
> 너의 길로 데려가 보거라.
> 그리고 부끄러워하게 되리라, 네가 만약
> 참된 인간은 그의 어두운 충동들 속에서도
> 올바른 길이 어디인가를 알게 됨을 깨닫는다면.(324-329)

그러나 「천상에서의 서곡」에서 드러나고 있듯이, 신은
메피스토펠레스의 이러한 자신만만함이야말로 파우스트

에 대한, 나아가 인간의 본질에 대한 악마의 좁은 이해로부터 비롯된 것임을 꿰뚫어 보고 있습니다. 악마와 달리 신은 파우스트의 괴로움이 잘못된 창조의 결과가 아니라 그가 지닌 인간적인 본질 자체로부터 비롯되는 것임을 알고 있는 것입니다. 신과 악마의 내기는 이미 악마의 패배가 정해져 있는 게임이지만, 그 사실을 알 리 없는 '부정하는 영'의 힘은 금기를 위반하는 것으로 인간의 정신을 '지상의 먼지더미'에 붙들어 두려 합니다. 즉 『파우스트』를 추동하는 대립은 파우스트가 품고 있는 멈추지 않는 진보의 의지와 메피스토펠레스의 악마적 쾌락 간의 대결이라기보다는, 어떠한 것으로도 채워질 수 없는 인간의 비극적 욕망과 그것의 충족을 가장하는 마법적 가상 간의 싸움인 셈입니다.

다소 아이러니하게 들릴 수 있겠지만, 자기 초월의 문제는 그리하여 '멈추지 않는 노력'이라는 익숙한 테제로 다시금 되돌아오게 됩니다. 자기 고양의 차원에서 인간을 사로잡는 것이 운명이 일으킨 불가항력적인 충동과 오만이라면, 자기 초월의 문제에서 인간을 추동하는 것은 이성에 의해 주어지는 일종의 본질적 당위입니다. 그리고 양자의 종합에 의해, 결코 충족될 수 없으면서도 섭리에 속한 노력이라는 역설이 생겨나는 것입니다. 「심산유곡」에서 천사들이 "끊임없이 노력하는 자를/우리는 구원할 수 있습니다"라고 말하는 것은 이러한 의미를 겨냥하고 있는 셈이지요. 그리고 바로 이 지점에서, 우리는 다시금 괴테에 의해 (반성적으로) '계승된' 비극의 정신과 조우하게 됩니다. 자기 초월의 당위는 신의 질서에 의해 외적으로 부여되는 것이 아닙니다. 저 당위는 주체의 안에서 솟아나오며, 다른 무엇보다도 주체 자신의 근원에 속하는 것인 한편, 다시금 스스로의 근원을 대상으로 삼음으로써 형성되기 때문입니다. 그렇다면 우리는 이렇게 말할 수도 있을 것입니다. 자기 초월의 당위란 다름 아닌 주체가 자신의 존재와 근원에 대해 수행하는 '반성적 성찰'로부터 울려 나오는 것이라고 말입니다. 그러나 한편으로 자기 초월이라는 당위는 한낱 당위로서만 머물 뿐 끝내 달성될 수는 없으며, 그로 인해 인간을 절망으로 몰아가기도 합니다. 괴테에게 있어 비극이란 다름 아닌 이러한 근원적인 역설, 즉 인간에게 부여된 자기 초월의 요구는 물론, 그에 대한 추구의 실패조차도 인간의 존재론적 본질 안에 이미 속해 있다는 역설에 대한 문학적 형상화의 산물이었던 것입니다. 괴테는 이 근원적인 역설을 둘러싼 그의 심원한 사유를 장대한 형식 안에 녹여 냈으며, 마침내 그의 시대를 위한 새로운 비극의 전범을 제시해 내는 데에 이를 수 있었습니다. 『파우스트』를 "비극적 형식에 대한 반성"으로 규정한 이 책의 표제는 이러한 의미를 담고 있는 셈입니다.

여느 학술 번역에서나 마찬가지일 것이라 생각되지만, 이 책 역시 갖가지 개념어들을 풍부한 다의성의 맥락 위에서 사용하고 있었기에 다소 모험적인 번역이 불가피한 경우들이 더러 있었습니다. 기본적인 번역어의 선택은 『도이치문학 용어사전』(김병옥·안삼환·안문영 엮음, 서울대학교출판부, 2001)을 따랐으며, 필요할 경우 다른 번역어를 택하고 옮긴이 주를 첨부하였습니다. 『파우스트』 본문 인용의 경우 강두식의 번역(을유문화사, 1987)과 김인순의 번역(열린책들, 2009)을 주로 참조하였으며, 필요한 경우 일부를 수정하여 옮겼습니다.

진부하고 상투적인 마무리가 되겠지만, 그럼에도 불구하고 이 자리를 빌려 여러 분들께 감사를 드리지 않을 수 없을 듯합니다. 문학을 공부한다는 것의 재미와 의미를 느끼게 해주신 김태환 교수님께, 그리고 모자란 실력에도 불구하고 소중한 기회를 제공해 준 조효원 선배에게 깊은 감사를 드리고 싶습니다. 아울러 오랜 작업 기간 동안 저를 믿고 기다려 주신 에디투스 출판사 여러분들께도 감사의 인사를 전합니다.

Johann Wolfgang von Goethe

괴테 연보

문학과 삶의 완성을 추구했던 한 대가의 초상

"인간은 노력하는 한 방황한다."
—『파우스트』, 317행

이 연보는 뤼디거 자프란스키(Rüdiger Safranski)의『괴테, 예술작품 같은 삶(Goethe Kunstwerk des Lebens)』(호포포에티카 옮김, 한국외국어대학교 지식출판원 HUEBOOKS, 2017)을 중심으로, 요한 페터 에커만(Johann Peter Eckermann)의『괴테와의 대화(Gespräche mit Goethe)』1·2(장희창 옮김, 민음사, 2008)와 괴테의 자서전『시와 진실(Dichtung und Wahrheit)』(최은희 옮김, 동서문화사, 2016)을 참조하여 작성한 것이다.

1749—8월 28일 독일제국의 도시 프랑크푸르트 암 마인에서 태어났다. 아버지 요한 카스파르 괴테(1710-1782)는 황실 고문관(명예직)으로 법학을 공부한 부유한 인사였으며, 어머니 카타리나 엘리자베트(1731-1808)는 프랑크푸르트 시장 요한 볼프강 텍스토어의 딸이었다. 장남으로 태어난 괴테(Johann Wolfgang von Goethe)는 산파의 부주의로 출생의 순간 탯줄이 목에 잠겨 질식사 위기를 겪기도 했다. 외손자의 난산을 계기로 시장인 외할아버지는 산파 교육과 조산원 제도를 개선했다(훗날 괴테는 자신의 이 난산이 시민에게는 유익한 결과를 가져왔다고 말하기도 했다).

1750—이어서 누이동생 코르넬리아(Cornellia Goethe)가 태어났다. 이후 태어난 두 명의 남동생과 두 명의 여동생들은 모두 출생 후 얼마 안 되어 사망하였던 까닭에, 소년 괴테는 4명의 형제자매가 차례로 죽어가는 것을 경험해야만 했다. 그는 읽거나 배운 것을 한 살 터울의 코르넬리아에게 가르쳐주는 등 여동생을 무척이나 아꼈다.

1753—4세 때 할머니로부터 크리스마스 선물로 인형극 상자를 받았다(지금도 프랑크푸르트의 괴테하우스에 보존되어 전시 중이다). 유복한 환경을 배경으로 괴테는 자유분방한 제국도시의 아들로 자랐다. 인구 3만의 프랑크푸르트는 북적거리는 상업도시이자 은밀하고도 세련되지 않은 과거를 간직한 도시였다. 어린 괴테는 도시 건너편의 자연으로 소풍가는 것을 즐겨 했으며, 해질녘이면 자신의 집 3층 서쪽 창 너머로 아름답게 펼쳐진 평지를 질리지도 않고 바라보았다고 한다.

1757—일찍부터 시에 재능을 보였던 괴테는 어린 나이에 이미 조부모에게 신년시를 써서 보냈다(보존되어 있는 괴테 시 작품 중 가장 오래된 것이다). 모차르트에 비길 정도의 불세출의 천재 소년은 아니었을지 몰라도, 남들보다 이해 능력이 매우 뛰어났고, 특히 언어 습득이 빨랐다. 소년 시절에 벌써 이탈리아어, 프랑스어, 라틴어를 구사했으며 차츰 히브리어도 읽을 수 있게 되었다. 손에 닿는 책은 무엇이든 읽어 내려 했고, 독서를 통해 얻은 것을 "가공해서 다시 반복해서 이야기해 보려고" 연습장에 빽빽하게 글을 썼다. 이 자부심 강한 소년이 "다른 사람에게는 충분해도 나는 만족할 수가 없다"고 말했을 때, 그의 나이는 겨우 일곱이었다.

1759—프랑스군이 프로이센군을 이기고 프랑크푸르트를 점령하였고, 군정관 토랑(Thoranc) 백작이 2년쯤 괴테의 집(1755년에 괴테의 아버지가 공을 들여 증축한)에 머물게 되었다. 외국 군대에 쉽게 도시를 내어준 시장인 장인을 비난하기도 했던 아버지는 프랑스 사령관을 몹시 못마땅하게 여겼지만, 소년 괴테는 예술을 존중하는 프랑스 백작을 통해 미술과 프랑스 연극에 대해 깊은 관심을 갖게 되었다. 토랑 백작은 여러 화가들 또는 작가들의 작품에 빠지지 않고 시시콜콜 첨언을 하려 드는 이 당돌한 소년을 기꺼이 받아들여 주었다.

1765—10월에 라이프치히로 가서 대학에 입학하였다. 그곳으로 떠나기 전, 10대 소년 괴테에게는 짝사랑의 아픔이 있었다. 그는 연상의 소녀 그레트헨[『파우스트(Faust)』의 여주인공 이름이 '순박한 처녀' 그레트헨이다]을 사랑했지만, 그녀는 그를 그저 귀여운 동생처럼 아꼈을 뿐이었다. 이후 그녀가 프랑크푸르트를 떠나게 되자, 괴테는 상심에 빠져 병이 날 정도로 홍역을 앓아야 했다. 설상가상

으로 자신보다 나이가 많은 어느 청소년들의 조직('도덕연맹')에 가입하는 것이 거절당한 일이 겹치면서, 괴테는 무너진 자부심으로 인해 서둘러 고향인 프랑크푸르트를 벗어나고자 했다(처음엔 고대사 분야의 최고 학자가 있는 괴팅겐을 마음에 두었지만, 아버지의 강력한 권유를 이기지 못하고 라이프니츠를 선택하였다). 라이프치히 역시 인구 3만의 큰 도시였고, 새로운 기운으로 유럽의 고객들을 끌어들이는 박람회의 도시였다. 상거래가 벌어지고 사교 활동이 빈번한, 건축물들이 둘러싼 넓은 안마당 중 한 곳에 괴테의 거처가 있었다. 그는 점차 법률 공부를 지루하게 여기기 시작했으며, 대신 베리쉬(Ernst Wolfgang Behrisch), 슈토크(Johann Michael Stock), 외저(Adam Friedrich Oeser) 등 예술가들과 사귀며 문학과 미술 공부에 매진하기 시작했다. 이 시기에 괴테는 그리스 연구가 빙켈만(Winckelmann)의 글을 탐독하고, 계몽주의 극작가 레싱(Gotthold Ephraim Lessing)의 연극을 관람하는 등 지적 호기심의 범위를 확장해 갔다.

1766—포도주 중개인이자 여관을 운영하는 쇤코프의 딸 케트헨(Kätchen)을 사랑하여 교제하였다. 그녀에게 바친 시집 『아네테(*Annette*)』는 베리쉬에 의해 필사본으로 보존되었다.

1767—로코코풍의 전원극 형식의 첫 희극 『연인의 변덕(*Die Laune des Verliebten*)』을 썼다(이듬해 4월에 완성). 질투심의 치유를 그려낸 이 작품에 케트헨과의 사랑의 소용돌이가 반영되어 있음은 물론이다.

1768—질투와 열정을 동반했던 케트헨과의 애정 관계를 끝냈다(베리쉬에게 보낸 편지에서 괴테는 이렇게 썼다. "우리는 사랑으로 시작했어요. 그리고 우

195

정으로 끝을 맺었지요"). 작별 후 드레스덴으로 여행을 떠났다(이 여행은 일
종의 미술을 위한 순례였다). 6월에 이탈리아에 머물던 빙켈만이 트리에스
테에서 살해당했다는 소식을 듣고 큰 충격을 받았다. 7월 말 각혈
을 동반한 폐결핵에 걸려 사투를 벌이고, 결국 학업을 중단하고 고
향으로 돌아왔다(열아홉 번째 생일). 치료를 돌봐준 랑거(Ernst Theodor
Langer)와 우정을 맺었다.

1769—이전 해 11월에 시작한 희곡 『공범자들(Die Mitschuldigen)』
(3막 희곡)을 병상에서 완성했다. 랑거와의 만남을 계기로 경건주
의와 신앙("보편적 자연종교")에 관심을 갖게 된다. 또한 어머니의 먼
친척이자 친구인 수잔나 폰 클레텐베르크(Susanne Katharina von
Klettenberg) 역시 그에게 영향을 주었다. 광신적 측면이 없는 그녀
의 소박한 경건주의는 괴테에게 큰 의지가 되었고, 그녀가 소개한
메츠(Johann Friedrich Metz) 박사는 그의 목에 위험하게 자라나는 결
핵성 종양을 치유해 주기도 하였다. 스무 살의 괴테는 이 의사가
가져다 준 '신비한 화학적 연금술 서적들'에 심취했으며, 내적인 경
건성과 자연과학의 놀라운 힘에 대한 이 복합적인 경험의 시간은
이후 『파우스트』의 첫 구상에 지대한 영향을 미쳤다.

1770—건강을 회복한 후 슈트라스부르크(Strassburg)[프랑스어
로는 스트라스부르(Strasbourg)]로 떠나 그곳에서 법학 공부를 계속
하였다. 9월에는 박사학위 자격시험에 합격했다. 그러나 예술에 대
한 그의 관심은 여전했으며, 독일 고딕의 대표적 건축물인 슈트라
스부르크 대성당을 찾기도 했다[이후 그는 대성당의 전설적인 건
축가인 에르빈 폰 슈타인바흐(Edwin von Steinbach)에 관한 논문 「독
일 건축술에 대하여」(1772)를 쓴다]. 특히 이 시기에 괴테는 눈병을

치료하기 위해 슈트라스부르크에 온 헤르더(Johann Gottfried Herder)와 교우하며 문학과 언어에 관해 많은 영향을 받았다(자신의 사고에 혁신을 일으킨 헤르더와의 만남을 괴테는 슈트라스부르크 시절의 "가장 중요한 사건"이라 불렀다). 그러나 헤르더와의 관계는 경직된 세계에 활력을 더해 주는 신선한 자극이기도 했지만, 한편으로는 빈번히 자신에게 트집을 잡는 그로 인해 불편함을 감내해야 하는 것이기도 했다. 10월에 근교 마을 제젠하임에서 그곳의 목사 딸 프리데리케 브리온(Friederike Brion)을 만나 사랑에 빠졌다.

1771—프리데리케와 자주 만나며 그녀를 위한 서정시를 많이 썼다(후에 이 시들은 널리 사랑받게 된다). 하지만 괴테는 처음부터 자신이 그녀를 떠날 것을 알고 있었고, 그녀는 그로 인해 상처를 받았다("나는 지각이 없었다. 유감스럽게도 정직함은 안중에 없었다"). 교회사 문제(국가와 종교에 관한)를 다룬 학위 논문은 민감한 내용 때문에 불합격되었으나 대신 그에 준하는 시험[준박사학위(Lizentiat)]에 통과하여 공부를 마쳤다. 8월 프리데리케와 작별하고 고향으로 돌아왔다(그 직전에 시장이었던 외조부가 사망했다). 프랑크푸르트에서 변호사를 개업하였으나 문학에 더 몰입하였다. "슈투름 운트 드랑" 운동의 성향이 짙은 희곡 『괴츠 폰 베를리힝엔(Götz von Berlichingen)』의 초고를 썼다. 무엇보다도 셰익스피어의 영향이 강력하게 서려 있는 이 작품에서, 괴테는 종교개혁과 농민전쟁 시대의 기사 괴츠를 근대성이 강요하는 인간의 왜소화에 저항하는 자유롭고 주권적 인간으로 그려냈다. 그가 1771년 셰익스피어를 칭송하는 한 연설에서 언급했던, "그(셰익스피어)의 작품들은 지금껏 어떤 철학자도 규정하지 못한 어떤 은밀한 점을 중심으로 선회하고 있는데, 그 점은 다름 아닌 우리 자아의 고유성, 즉 우리의 의지가 요구하는 자유가 전체의 필연적

인 운행과 충돌하는 곳이다"라고 한 비극적 전망을 괴츠는 전형적
으로 재현하고 있었다.

　1772―괴테는 이 무렵 변호사 직무에도 열성을 보이지 않고, 직
업적(전문적) 작가 의식도 없이 창작하며 "바쁜 한량 생활"을 보냈
다. 다름슈타트의 감상주의자 서클에도 기꺼이 참여했고, 거기서
"방랑자"라 불렸다. 그러는 중 『프랑크푸르트 학예소식』을 발간하
는 요한 하인리히 메르크(Johann Heinrich Merck)의 권고에 따라 이
신문에 기존의 독일 문학을 비판하는 대담한 비평을 싣기도 했다.
아버지의 제안에 따라 베츨라의 제국헌법재판소에서 견습 생활
을 했다. 그곳에서 만난 샤를로테 부프(Charlotte Buff)를 연모하게
되었으나, 그녀에게 이미 약혼자[요한 크리스티안 케스트너(Johann
Christian Kestner)]가 있다는 것을 알고 마음을 접어야 했다. 괴테는
9월 어느 날 이별 편지를 남기고 베츨라를 떠났다. 이 시기에 방문
했던 작가 소피 폰 라 로슈(Sophie von La Roche)의 딸 막시밀리아네
폰 라 로슈(Maximiliane von la roche)와 교제하지만, 그녀가 결혼하면
서 이 관계 역시 이루어지지 못했다. 이 두 번의 좌절된 사랑의 체
험이 후에 소설 『젊은 베르터의 고뇌(Die Leiden des jungen Werther)』의
소재가 되었다.

　1773―메르크의 권고에 따라 『괴츠』를 자비로 출간했다. 반응
은 어마어마했다. 하루아침에 천재 스타가 되고 추종자들이 생겼
다. 슈트라스부르크 시절부터 구상했던 『파우스트』의 집필을 처
음 시작하였다. 드라마 『프로메테우스(Prometheus)』(미완성)와 『마호메
트(Mahomet)』를 쓰고, 오페레타 『에르빈과 엘미레(Erwin und Elmire)』
의 집필을 시작하였다. 이해 말, 누이 코르넬리아가 어린 시절부터

알고 지내온 변호사 요한 게오르크 슐로써(Johann Georg Schlosser)와 결혼하여 남편을 따라 남부 바덴 지방으로 이주했다. 괴테나 누이에게 이 이별은 감당할 수 없는 상실감으로 자리 잡았다.

1774—소설 『젊은 베르터의 고뇌』를 2월에 시작하여 4월에 완성하였다. 불행한 사랑과 삶의 권태(상상력의 한계와 비극)로 자살에 이른 주인공을 다룬 『베르터』는 선풍적인 인기를 끎과 동시에 커다란 유행을 만들어 냈으며, 자기의 생각과 감정을 여기에 맞추려고 하는 젊은이들이 등장하기까지 하는 바람에, 라이프치히 같은 곳에서는 신학자들의 주도로 책의 판매가 금지되기도 했다. 『괴츠』가 베를린에서 초연되었고(이어 여러 도시에서 공연), 『괴츠』와 대비되는 전통극 형식의 희곡 『클라비고(Clavigo)』를 썼다. 당대의 대시인 클롭슈토크와 편지를 교환하였다.

1775—프랑크푸르트의 부유한 은행가의 딸 릴리 쇠네만(Lili Schönemann)과 약혼했지만, 괴테의 신분이 자신들에게 미치지 못한다고 여겼던 그녀의 친척들의 반대로, 그리고 자유분방한 그녀의 성격을 힘들어 했던 괴테 자신의 결정 끝에 파혼했다. 두 여성에 대한 한 남자의 사랑을 주제로 다룬 희곡 『스텔라(Stella)』를 썼다. 주인공 남자가 두 여성과 결혼으로 끝을 맺는 이 희곡은 스캔들이 되었다. 스위스를 여행하고 7월 말경 프랑크푸르트로 돌아왔다. 이해 초부터 이어져오던 칼 아우구스트(Karl August) 공(당시 18세)의 초청을 받고 11월 바이마르를 방문하였다. 그곳은 벗어나고 싶은 모든 상황으로부터 떠난 "도피처"였다.

1776—바이마르[공작령(公爵領)인 바이마르는 당시 인구 8만 명

정도의 작은 나라였다]에서 괴테는 젊은 공작의 친구면서 어디에
도 얽매이지 않은 방문객이었지만, 점차 공작과의 친분이 두터워지
고, 그의 어머니 안나 아말리아와 친분을 쌓게 되면서 그곳에 머물
기로 결심한다. 궁정 여관(女官) 샤로테 폰 슈타인(Schalotte von Stein)
부인(33세)과의 사랑(내지 우정)도 이러한 결정에 영향을 미쳤다. 이해
7월 외교부 관료 및 추밀원 고문관에 임명된 후 정식으로 바이마
르 공국의 정사에 관여하였다.

1777—바이마르에서 괴테는 점차 '슈투름 운트 드랑'과 거리
를 두는 태도를 갖기 시작했다. 1776년 한때 자신이 문학적 후계
자로 생각했던 렌츠(Jakob Michael Reinhold Lenz)를 추방케 하는가
하면, 자신을 찾아온 클링거(Friedrich Maximilian Klinger)[젊은 세
대 문학운동의 이름이 되기도 한 드라마『슈투름 운트 드랑(*Sturm
und Drang*)』의 작가]를 돌려보내기도 했다. 이 무렵부터 괴테는 일
군의 작가들에게서 나타나는 문학에 대한 과대평가를 경계하고
자 했다. 이해 초『빌헬름 마이스터의 연극적 사명(*Wilhelm Meisters
theatralische Sendung*)』의 구술 집필을 시작했고 이 작업은 해를 넘겨
서 계속되었다(이것은 소설의 초고로 그의 생전에는 발표되지 않았다). 6월 8일
둘째 딸을 출산한 후 건강을 회복하지 못한 코르넬리아가 세상을
떠났다. 11월 북쪽 하르츠 산맥으로 겨울 여행을 떠났다(거기서 지질
학자와 광물학자적 능력을 발견하는 소득을 얻는다).

1778—겨울 여행을 끝내고 돌아와서 쓴 익살극『감상주의의 승
리(*Der Triumph der Emfindsamkeit*)』가 바이마르의 아마추어 극단에 의
해 공연되었다. 바이마르에 오기 직전 쓰기 시작했던 희곡『에흐몬
트(*Egmont*)』에 전념하여 몇 장을 집필하였다.

1779—프로이센과 오스트리아 사이의 전운이 감도는 상황에서 아우구스트 공작은 괴테에게 전쟁위원회 위원장직과 도로 건설의 관리 임무도 맡긴다. 만일의 사태에 대비하기 위해 공국의 영내를 순찰하는 몇 달 동안 산문 희곡『타우리스의 이피게니에(*Iphigenie*)』를 완성하여 초연하였다. 슈투트가르트에 들러 쉴러(Friedrich Schiller)가 생도로 있는 칼(Karl) 학교를 방문하였다.

1780—광산위원회 의장으로 광물학 공부를 시작했다. 스피노자를 둘러싼 긴 편지 대화에서 괴테는 야코비(Friedrich Heinrich Jacobi)에게 자신이 그의 '믿음'의 개념에 대해 완전히 동의할 수 없음을 밝혔으며, 그 대신 "진리의 굳건한 토대"를 자연 연구에서 찾고자 했다. 차츰 식물학, 해부학 등 자연과학 연구에 관심을 쏟기 시작했다. 또한 그림에 대한 자신의 재능을 경치의 짜임새나 암석 종류, 식물 및 인간과 동물의 해부학적 관계를 스케치하고 유형화할 때 이용했다. 희곡『타소(*Tasso*)』를 구상하였다. 시인 타소와 안토니오라는 이름의 공직자, 이렇게 두 인물로 분리해 놓은 이 작품은 문학적 존재의 요구와 공직자로서의 존재가 주는 요구 사이의 이중 존재로서 살아야 하는 괴테 자신의 갈등을 반영한 것이었다. 『파우스트』의 원고를 아우구스트 공 앞에서 낭독하였다. 그 원고를 궁정 여관 루이제 폰 괴흐바우젠이 필사해 두었는데, 그것이 훗날『초고 파우스트(*Urfaust*)』의 출간을 가능하게 했다.

1782—오스트리아의 계몽군주 요제프 2세로부터 귀족의 칭호를 받았다. 아버지가 별세하였다. 『빌헬름 마이스터의 수업시대(*Wilhelm Meisters Lehrjahre*)』의 집필을 시작하였다.

1786—출판업자 괴셴이 괴테에게 전집 출간을 제안했다. 1775
년 이후 새 작품을 쓰지 못한 그는 이 제안을 계기로 자신이 지난
10년간 여러 작품을 시작만 했을 뿐 완성하지 못했다는 사실을 뼈
아프게 자각한다. 이해 여름 그는 작가로서의 삶을 재개하겠다는
의지를 다진다. 아우구스트 공, 슈타인 부인, 헤르더 등과 휴양 차
칼스바트에 체재하다가 몰래 이탈리아 여행길에 올랐다. 그는 이탈
리아의 태양 아래서 자신의 작품들을 끝내고 싶었다(그의 여행 가방
은 미완성 원고들로 가득했다). 비첸차(Vicenza)에서 그는 후기 르네상스 건
축가 안드레아 팔라디오(Andrea Palladio)가 세운 건축물들에 매료되
고, 17일 동안 베네치아에 머물며 민중의 삶을 체감했다. 10월 29일
로마에 도착한다. 그곳에서 그는 익명('서민 화가 요한 필립 묄러')의 여행
객으로 생활했다. 자신이 후원했던 화가 티슈바인(Johann Heinrich
Wilhelm Tischbein)[그가 그 시절 그린 괴테의 그림들이 지금까
지 잘 알려져 있다]의 집에 머물면서 앙겔리카 카우프만[Angelika
Kaffmann(고전주의 시대를 표방한 여성 화가)], 칼 필립 모리츠(Karl Philipp
Moritz) 등과 교우하며 고대 유적의 관찰에 몰두하였다. 『이피게니
에』를 운문 형식으로 개작하였다(『독일 운율학 연구』의 저자인 모리츠의 도
움을 받았다).

1787—이탈리아 체류를 연장하고(처음에 괴테는 이 여행이 거의 2년에 이
르게 되리라고는 예상하지 못했다), 나폴리와 시칠리아 섬까지 돌아보았다.
새로 생겨난 창작력으로 『에흐몬트』를 완성하여 원고를 바이마르
로 보냈다.

1788—6월에 스위스를 거쳐 바이마르로 돌아왔다. 귀환 후 슈
타인 부인과의 관계가 소원해졌다(그녀는 괴테의 이탈리아 도피로 무너진 신

뢰를 용서하지 못했다). 평민 출신의 크리스티아네 불피우스(Christiane Vulpius, 23세)와 만나 동거 생활을 시작하였다(후에 괴테의 정식 부인이 된다). 루돌슈타트에서 쉴러와 처음 만났으나 절친한 관계에 이르지는 못했다. 괴테는 쉴러가 자신이 싫어하는 작품 『도적떼(Räuber)』의 저자라는 점을 달갑지 않게 여겼으며, 쉴러는 그의 부정적인 태도에 상처를 받았다. 쉴러는 괴테의 주선으로 예나 대학의 역사학 교수 자리(무보수)에 초빙되었다(처음 주저했지만 수락했다).

1789─당대의 학자 빌헬름 폰 훔볼트(Wilhelm von Humboldt)와 친교를 맺었다. 이해 초 모리츠가 바이마르를 방문했고, 괴테와 함께 로마에서 진전시켰던 『아름다운 것의 형성적 모방에 대하여 (Über die bildende Nachahmung des Schönen)』가 그 무렵 출간되었다. 예술의 자율성이 예술의 본성에서 설명될 수 있다는 생각에서 둘은 일치했다. 크리스티아네와의 사이에 아들 아우구스트가 태어났다(12월 25일). 이해 프랑스대혁명이 일어났다(괴테는 이를 "그 어떤 일보다 끔찍한 사건"이라 여겼다. 하지만 그 사건이 보여준 압도적인 열정에는 공감했다).

1790─이해 봄까지 시집 『로마 비가(Römische Elegien)』를 끝냈지만 곧장 출판하지는 않는다(1797년 출간). 8권으로 구상된 괴셴 판 괴테전집에 『파우스트 단편(Faust, ein Fragment)』을 수록하였다. 어수선한 정치적 상황이 도래하는 것을 예감하며 광학과 색채론, 비교해부학 연구에 몰두하였다.

1791─바이마르에서 『에흐몬트』가 초연되었다. 이 무렵 괴테는 아우구스트 공이 마련해 준 시 외곽의 수렵관에서 크리스티아네와 아들과 함께 가정생활의 흡족함을 누렸다.

1792—4월 20일 프랑스 국민회의는 프로이센과 오스트리아의 전쟁 준비와 독일로 망명한 자들의 반격의 위험이 감지되자 두 나라에 선전포고를 했다. 역사의 격류에 반하는 도피처를 찾으려는 생각과 역사 속으로 뛰어들고 싶은 충동 사이에서, 프랑스 혁명군에 대항하는 프러시아군(프로이센-오스트리아 동맹군)에 소속되어 베르텡(Verdun) 공방전에 종군하였다.[30년 후 출간된 『1792년 프랑스 종군기(Campagne in Frankreich 1792)』에는 큰비로 진창에 빠져 있던 원정군의 실로 비참한 상황이 묘사되어 있다].

1793—프랑스군 점령지인 마인츠 포위전에 참여하였다가 퇴각하는 동맹군 부대와 함께 8월에 귀환하였다. 전쟁은 괴테에게 죽음과 부활을 맛보게 했다. 그 체험을 살려 4월 1막으로 된 희극 『시민 장군(Der Bürgergeneral)』을 썼고, 이 작품은 15회나 상영되는 등 성공한 작품이 되었다. 이어서 희곡 『격앙된 사람들(Die Aufgeregten)』을 썼다. 이 두 작품에서 혁명은 위협적인 재난으로 배경이 되고 이성적인 귀족들이 질서와 정의를 준비하는 자로 설정된다. 귀족 계층의 탐욕과 낭비벽, 횡포가 혁명의 원인이라고 보았던 그가 혁명에 반대한 것은 구체제의 단순한 방어를 위한 것은 아니었다. 그는 혁명적 봉기가 문제를 해결하기보다는 더욱 심화시킬 수 있다고 보았는데, 이는 혁명이 상류 계층의 사리사욕을 일소하기보다는 그것을 억눌러 온 하류 계층의 욕망으로 바꾸어 버리는 역할에 그치기 십상이라는 생각에서였다. 군중이 정치화되고 움직이는 것을 책임을 넘어서는 과잉이라고 보았던 괴테는 혁명에 비판적 내지 냉소적 입장을 드러냈다. 중세의 동물 서사시를 번역하여 개작한 희곡 『여우 라이네케(Reineke Fuchs)』는 실제의 역사가 점점 더 피투성이가 되고 잔학해져 갈 때, 잔인함과 허위와 악의로 된 "어쩔 수

없는 현실"에 "반쯤은 절망한 채" 몰두하는 사람들(자신)이 반영되어 있다. 11월 21일 크리스티아네가 딸아이 카롤리네를 낳았다. 딸을 얻은 것에 너무도 기뻐했던 괴테는, 이 아이가 2주 후 죽자 고통에 몸부림쳤다.

1794—괴테의 성화에 못 이겨 공작은 식물원과 연구소 설립을 위한 자금을 승인하였고, 괴테는 새로 건립된 예나의 식물원을 직접 맡아 관리하였다. 또 스스로를 다잡기 위해서 괴테는 출판인 요한 프리드리히 고틀리프 웅어와 총 4권 분량의 원고를 8권으로 출간하는 계약을 했다. 「빌헬름 마이스터의 수업시대」의 개작을 시작하였다. 철학계의 신성 요한 고틀리프 피히테(Johann Gottlieb Fichte)를 예나로 불러들였다. 프랑스혁명에 대한 피히테의 공감은 맘에 들지 않았지만, 그의 철학에서 행위와 정진에 대한 열정적인 강조, 강력한 의지와 형상화 충동을 높이 평가했다. 그것은 창조적 자아를 대담하게 철학의 자리로 이끄는 자극이 되었다. 철학에 대한 괴테의 이러한 접근은 쉴러와의 친교의 시작을 위한 내적인 길을 열어 주었다. 쉴러와는 새로이 창간된 잡지 『호렌(Horen)』의 제작에 함께 협조하면서 가까워졌다[괴테는 쉴러와 나누었던 우정의 첫 장면(Urszene)을 이렇게 기술한다. "내게 그것은 새로운 봄이었다. 만물이 즐겁게 나란히 싹이 트고, 만물이 벌어진 씨앗과 나뭇가지에서 솟아나고 있었다"]. 시인 프리드리히 횔덜린(Friedrich Hölderlin)과 처음으로 만났고, 그의 찬가 「에테르에게(An den Äther)」와 비가 「방랑자(Der Wanderer)」를 접했다.

1795—『독일 피난민의 대화(Unterhaltungen deutscher Ausgewanderten)』를 출간하였다. 훔볼트 형제와 해부학 이론에 관심을 쏟았고, 실러

와 공동으로 2행시 경구집(警句集) 『크세니엔(*Xenien*)』의 출간을 구상
하였다(크세니엔은 '손님에게 주는 선물'이라는 의미로, 1797년 쉴러가 발간하는 『문
예연감』에 670여 편을 실었다).

1796─『빌헬름 마이스터의 수업시대』가 완성되었다. 괴테는 이
작품을 다시 시작하면서 소설을 어떻게 끝내야 할지 알지 못했다.
애초의 제목인 『연극적 사명』이 보여주는 것처럼, 마이스터가 연
극에서 성공을 거두면서 작품이 끝나게 되리라는 점을 명시하지
않았다. 작품의 집필을 몸소 지휘해야 하는 성품의 쉴러는 작품
이 자기 스스로를 이끌어가도록 내버려 두고자 했던 괴테에게 여
러 조언들을 제공했지만, 결과적으로 괴테는 쉴러의 바람과 달리
소설이 모호함 속에 가라앉도록 두는 쪽을 택했다. 후에 노발리스
(Novalis) 등 낭만주의자들은 괴테의 이러한 결말을 문제 삼으면서,
『빌헬름 마이스터』를 "귀족의 타이틀을 따기 위한 순례의 길"이라
고 비판했다.

1797─3개의 노래로 구성된 서사시 『헤르만과 도로테아(*Hermann
und Dorothea*)』를 집필하였다. 이 작품은 독일 시민계급이 선호하는
'신부를 위한 선물용 책'이 되었으며, 『베르터』 이후 가장 큰 대중적
성공을 거둔 작품이 되었다. 또한 이 작품은 괴테가 이전에 가졌던
혁명에 대한 논쟁적인 입장에서 벗어나고 있음을 보여주는 지표
이기도 했는데, 이를테면 마지막 노래에서 도로테아가 자유를 위
해 목숨을 바쳤던 자신의 약혼자를 회상하며 그의 감동적인 유언
을 반복하는 장면에서, 우리는 괴테가 혁명에서 무질서만이 아니
라 원초적인 운명의, 모든 것을 분리시켰다가 재조립하는 어떤 초
자연적인 위력을 감지했음을 엿볼 수 있다. 쉴러의 격려와 독촉으

로 오랫동안 영혼 속에 남아 있던 『파우스트』에 다시 매달려 「헌사」, 「천상에서의 서곡」, 「발푸르기스의 밤」을 집필하였으나, 전체 작품을 완성하지는 못하고 다시금 이탈리아(실제로는 도중 포기되고 스위스) 여행에 나섰다. 가는 길에 크리스티아네와 아들과 함께 전쟁으로 폐허가 된 유년의 도시 프랑크푸르트에 잠시 머물렀다. 11월 20일 비바람이 부는 가운데 바이마르로 돌아왔다.

1798—문예지 『호렌』이 폐간될 조짐을 보이면서 새로운 정기간행물 『프로필렌(*Propyläen*)』을 계획하고 발행한다. 이 잡지에서 괴테가 의도했던 것은 연극에 대한 혁신 그리고 자연주의적 경향에 거리를 두는 새로운 예술적 요구에 대한 심도 있는 탐구였다. 그는 예술적 진리에 도달하기 위한 방법으로 고대의 전범에 집중할 것을 고집했다. 『프로필렌』은 예술의 이상을 선포하는 한편, 상실한 것들에 대한 노래인 비가에도 집중했다. 괴테는 나폴레옹이 공공연하게 이탈리아의 국보급 예술작품들을 강탈하는데도, 사람들은 "이 순간에 세계가 무엇을 잃게 되는지 알아차리지 못했다"고 애석해 했다. 그는 이탈리아에서 자행된 예술작품의 강탈이 "이 위대한 고대 예술의 총체에서 그렇게 많은 부분들을 잘라낸 격이 되었다"고 생각했다. 12월에 피히테를 둘러싼 무신론 스캔들이 발생했다. 피히테가 발행하는 『철학 저널』에 프리드리히 카를 포어베르크(Friedrich Karl Forberg)가 기고한 논문 「종교 개념의 발전」이 문제가 되었다. 피히테가 논란을 우려해 그 앞에 게재한 자신의 논문 「신이 세상을 지배한다고 우리가 믿는 근거」가 오히려 포어베르크의 논문보다 더 크게 상황을 악화시켰으며, 그는 자리에서 물러나게 되었다.

1799—티크(Ludwig Tieck), 슐레겔(Schlegel) 형제 등 낭만주의자 서클과도 친교를 맺었다. 희곡『사생아(*Die natürliche Tochter*)』의 집필을 시작하였다. 쉴러의 소개로 알게 된 셸링(Friedrich Wilhelm Joseph Schelling)과 더욱 긴밀한 관계가 되었다.

1801—1월 초 잠시 머물던 셸링이 떠난 직후 심한 중병(얼굴과 눈 등 다른 신체 부위에 심한 염증을 동반한 대상포진)에 걸렸다. 정신착란을 동반한 심각한 증상들을 겪으며 그는 죽음의 그림자와 사투를 벌여야 했지만, 끝내 "삶으로의 복귀"를 무사히 해냈다.

1803—투병 이후『사생아』를 완성하여 첫 공연을 가졌다. 이 작품은 여러 파벌 간의 논쟁이 절정을 이루는 시점에서 창작되었으며, 역사의 소용돌이와 모든 형태의 편파적 지향성에 대항하고 넘어서기 위한 괴테의 문학적 고민을 담은 작품이었다. 절친했던 친구 헤르더가 사망하였다.

1805—대상포진이 재발했다. 쉴러는 그 자신도 이미 투병중이었음에도 불구하고 괴테를 걱정하며 울었다고 전해진다. 5월 9일 저녁, 중병을 앓던 쉴러가 사망하였다. 사람들은 투병 중인 괴테에게 이 사실을 숨기려 했다. 소식을 들었을 때 괴테는 얼굴을 감싸 쥐고 괴로워하며 뒷걸음질 쳤다고 한다. 쉴러의 장례식에는 병 때문에 참석하지 못했으며, 다만 그의 죽음을 애도하며, "내 존재의 절반을 잃은 것 같다"고 술회할 수 있을 뿐이었다. 괴테는 쉴러의 죽음이라는 이 엄청난 사건을 예술의 황금시대가 끝나 버린 것으로, 삶 속에서 예술이 가장 아름다울 뿐만 아니라 가장 중요했던 시간들이 저물어 간 것으로 받아들였다.

1806—프로이센이 중립을 철회하고 단독으로 프랑스에 선전 포고를 했다. 북독일 안에서 프로이센 편에 서서 평화를 누려 온 바이마르는 어쩔 수 없이 프랑스에 맞서 프로이센 군대와 싸우기로 결정했다(9월 17일). 외적으로 긴장되고 위험한 이 시기에 괴테는 늘 그랬듯 문학과 학문에 몰두하는 길을 택했다. 자연과학 연구에 몰두해『색채론(*Zur Farbenlehre*)』을 쓰기 시작했으며,『정신현상학(*Phenomenologie des Geistes*)』의 마지막 장을 쓰고 있던 헤겔(Georg Wilhelm Friedrich Hegel)과 만나 "음울한 풍경에도 불구하고" 철학적인 대화를 나누었다. 10월 14일 프로이센이 예나와 아우어슈테트에서 나폴레옹 군대에 패하였으며, 이로 인해 바이마르가 점령되고 약탈당했다. 괴테의 집도 예외는 아니었으나, 크리스티아네가 기지를 발휘하여 괴테를 지켜 내고 집안의 질서를 유지해 냈다. 여기에 감동한 괴테는 크리스티아네와 정식으로 (축하연 없는) 결혼식을 올렸다.

1807—아우구스트 공의 모친 안나 아말리아가 사망했다. 자신의 인생 전체에 걸쳐 '좋은 친구'로 자리했던 그녀를 위해 괴테는 직접 추도문을 작성하였다. 소설『빌헬름 마이스터의 편력시대(*Wilhelm Meisters Wanderjahre*)』의 집필을 시작하였다. 프랑스군 점령기의 위기 속에서 괴테는 자신과 가족이 놓인 삶의 조건을 정비함으로써 대처하려 했다. 자신이 살고 있는 집과 재산의 소유관계를 명확히 하고, 혼인관계를 매듭짓고, 작가로서의 자기이해를 새롭게 하는 것 외에도 이전보다 훨씬 더 단호한 전문성을 가지고 행동했다. 실제로 괴테는 이 시기를 즈음하여, 아직 완성하지 못했다고 생각하며 간직하고 있던『색채론』원고를 주저하지 않고 넘기는 등 원고 출판에 보다 적극적인 자세를 취했다.

1808—『파우스트』1부가 출간되었다. 『편력시대』의 테두리 안에서 단편소설로 구상했던 『친화력(*Wahlverwandtschaften*)』을 떼어 내어 장편소설로 집필하였으나, 미완의 상태로 출판하였다 (이전의 괴테 같으면 거의 생각할 수 없는 일이었다). 9월 13일, 어머니가 세상을 떠났다. 휴양지에 있던 괴테는 며칠이 지나서야 부고를 들었다(그는 어머니의 죽음에 대한 글을 쓰지 않았고, 다음과 같은 짧은 편지글 한 줄만 남겼다. "소중한 내 어머니의 죽음은 바이마르로 돌아가는 내 마음을 아주 무겁게 했다"). 10월 2일, 나폴레옹이 아우구스트 공과 동행한 괴테를 따로 접견실로 불렀다. "당신이 그 사람이군요(Vous etes un homme)"라며 괴테를 맞이한 나폴레옹은 『베르터』를 화제에 올렸다(이때 말고도 둘은 두 차례 더 만났다). 11월 아우구스트 공작의 애인이 된 카롤리네 야게만과 극장 총감독인 괴테가 갈등을 빚는 사건이 발생했다(이 갈등의 배경에는 나폴레옹에게 호의를 보이는 괴테에 대한 공작의 불편한 심정도 작용하고 있었다).

1809—미완의 『색채론』과 『친화력』의 작업을 다시 계속했다. 괴테는 때때로 소설 『친화력』이 지금까지 자신이 쓴 최고의 작품이라고 말했다. '친화력'에 대한 생각은 「색채론의 역사」를 쓰면서 '자연의 마력'이라는 테마에 집중하면서 떠오른 것이었다. 물체의 특성들 내부에는 여러 연관 관계들이 내재되어 있으며, 무한하면서도 그 원인을 밝힐 수 없는 호감과 반감, 작용과 반작용, 갖은 특성들이 어지러이 교차하고 있는데 이와 같은 연관 관계들은 결합으로부터 분리되어 새로운 요소와 결합하는 원소들이 갖는 일종의 화학적 힘이며, 사람들은 예로부터 그것을 '친화력'이라고 불렀다. 괴테는 1796년에 진행한 비교해부학 강의에서 그것이 "남녀 간의 애정"처럼 보인다고 말한 바 있다. 살아 있는 생명이 느끼게 마련인 사랑의 끌림을 화학적 '친화력'에 비유한 그는 당시에는 자연

의 현상을 인간적인 관계에 비유했던 것이다. 반면『친화력』에서는 이러한 사유의 방향이 역전되며, 괴테는 여기에서 인간을 자연에 비유하는 작업을 시도했다. 원소들이 갖는 자유가 은유적으로 인식되어온 자유라면, 무의식적인 필연성 아래에 있는 인간의 자유는 어떻게 나타나는가, 사랑은 어느 정도로 자유로우며, 그 안에는 자연의 필연성이 어느 정도까지 깃들어 있는가,『친화력』은 말하자면 이러한 의문들에 대한 문학적 답변의 시도였던 것이다. 이소설을 통해서 괴테는 후기 낭만주의자들이 열광적인 사랑의 정신에 고무되어 기묘한 광기와 같은 것에 탐닉하는 것으로부터 거리를 두고, 사랑이라는 대상을 자연 연구가의 태도 위에서 탐구해 보고자 했다.『베르터』의 주인공이 그의 감정 때문에 죽음에 이르는 것처럼 그려지고 있었다면,『친화력』의 주인공인 오틸리에와 에두아르트는 그러한 감정 때문이 아니라 결혼이라는 제도 때문에, 즉 인습적인 문화와 윤리가 만들어 낸 장벽 때문에 파멸하는 인물들로 그려지고 있다. 이들의 파국을 야기하는 것은 자연과 문화, 또는 근원적인 자연과 '두 번째 자연'간의 갈등이다. 오틸리에는 에두아르트를 사랑하기를 멈추지 않지만, 그와의 결합이 불러올 죄책감이 그녀를 죽이게 되리라는 것을 절감하며, 끝내 '체념하기(entsagen)'를 선택한다. 괴테는 이후의 작품에서 이러한 체념의 개념을 중요하게 다루었으며, 이것을 비극적 귀결과 새로운 가능성 사이에 나 있는 제3의 지혜로 보고자 했다. 10월부터는 자서전 초안을 구상하기 시작했다.

1810―칼스바트와 드레스덴을 여행하였다. 자신의 주변에서 애국적 열정들이 파도처럼 거세게 이는 사이에, 괴테는 빛과 어두움의 원현상(Urphänomen), 그리고 그 둘이 혼합된 광학적 현상을 조

용히 관찰하는 데 몰두했다. 괴테가 포착하고자 했던 원현상은 바로 우리 눈에 색으로 나타나는 흐릿함이었다. 5월에 마침내 『색채론』이 완성되어 출간되었다. 이 책에서 괴테는 뉴턴의 광학 이론에 정면으로 도전하고자 했다. 그는 뉴턴의 이론이 지나치게 수학적이고 기계적인 까닭에, 우리가 색채를 띤 여러 현상들을 자유롭게 인식하는 데에 오히려 장애가 된다고 보았다. 괴테는 『색채론』에서 자신의 예술성과 감수성을 바탕으로 뉴턴의 광학을 뛰어넘겠다는 야심을 품었으며, 빛의 본질이 아니라 장애, 굴절, 흐릿함과 같은 요소들로 인해 생기는 빛의 작용들, 즉 "빛의 행위이자 고통"을 해명하려는 데에 심혈을 기울였다. "색채는 밝음과 어둠의 만남이고, 모든 색채는 둘의 경계에서 생성된다"는 그의 생각은 오늘날 타당한 것으로 인정되고 있지만, 그의 시대에 『색채론』은 그다지 널리 인정받지 못했다. 당대의 학자들은 이 책을 과학적 저술이 아닌 예술 창작의 산물로, 혹은 기껏해야 미적 경험의 상세한 기록 정도로만 치부하였으며, 괴테는 이에 크게 분노했다.

1811—자전적 기록인 『시와 진실(*Dichtung und Wahrheit*)』에 전념하여 9월에 1부를 완성하였다. 괴테는 자서전의 전범으로 여겨지고 있었던 루소(Jean Jacques Rousseau)의 『고백록』이 자책과 자화자찬이라는 두 종류의 부정직함을 동시에 저지르고 있다고 생각했으며, 이를 극복하기 위해 '진실'이라는 주제에 깊이 파고들고자 했다. 요는 자서전에는 얼마나 많은 진실이 가능할 것이며, 얼마만큼의 창작이 허용될 수 있을까의 문제였다. 괴테는 쉴러의 죽음 이후 그의 빈자리를 채워 주었던 칼 프리드리히 첼터(Karl Friedrich Zelter)에게 보낸 편지에서, 자서전이란 자신의 "인생을 지배했던 '기본 진실'을 가능한 한 그대로 서술하고 표현하려 하는 진지한 노력"이라고

썼다. 이때의 '기본 진실'이란 단순한 표면적인 사실만을 의미하는 것이 아니라, "시적인 창작에 대한 본능"을 자기 존재의 중심으로 받아들였던 그 순간 이후로 줄곧 자신을 지배해 왔던, 인생의 중심을 이루는 내적 연관성을 가리키는 말이었다. 괴테는 이것이 단순히 겉으로 드러나는 사실들에 의해서가 아니라 "허구 없이도 가능한 시적 진실"에 의해 비로소 전달될 수 있다고 생각했다. 자서전의 표제가 '진실'과 함께 '시'를 언급하고 있는 것은 이 때문인데, 괴테는 시 또는 문학이 기억 속에 반영된 현실이며, 순간적으로 스러지지만 여전히 누군가의 '시적인 눈' 안에 살아남아 그의 시선에 들어온다고 여겼다. 한 사람의 존재가 체험과 행위 속에서 (다시) 나타나는 것, 그리고 그와 같은 나타남 속에서 (허구적인 것이 아닌) 기억의 창작이 생생하게 현재화하는 것이야말로 그가 말하는 '기본 진실'의 요체였다. 『에흐몬트』에 대한 베토벤(Ludwig van Beethoven)의 편지를 받고 2부를 집필하였다[베토벤은 1809년 〈에흐몬트 서곡〉을 작곡하는데, 이는 훗날 그가 작곡한 '서곡' 중에서 가장 유명한 것이 된다].

1812—〈서곡〉을 포함한 베토벤의 음악과 함께 「에흐몬트」가 초연되었고, 칼스바트에서 몇 차례 베토벤을 만났다. 『시와 진실』 2부를 집필하였다. 괴테는 이어지는 자서전에서 "삶의 권태"에 대해 이야기한다. 삶의 권태는 지속적으로 괴테의 삶에 대한 감정에서 지배적인 잠재적 모티브였지만, 그것은 내부만이 아니라 외부로부터 오는 시대 현상이기도 했다. 그는 자신이 살아 있지만 죽은 것과 다름없는 공허의 밑바닥에서 탈출하기 위해서 줄곧 고투를 벌여 왔음을, 그러기 위해서 "시적 과제를 수행"해 왔음을 강조하고자 했다.

1813—1월 37년 동안 가까이 지냈던 작가 빌란트(Christoph Martin Wieland)가 사망했다. 자신보다 15세 연상이었으며 우아한 독일의 문학적 양식에 기여한 그를 위해, 괴테는 직접 감동적인 추모 연설을 하였다. 『시와 진실』 3부를 완성하고, 『이탈리아 기행(*Italienische Reise*)』의 집필을 시작하였다. 이로써 『시와 진실』은 그야말로 당대 유럽의 정치적 격동을 고스란히 담아낸 역작이 되었다. 1811년은 유럽에서 나폴레옹의 권력이 정점에 올랐을 때이며, 이해 괴테는 프랑스의 레종 도뇌르 훈장을 달고서 옛 제국에서의 유년시절을 회상하는 1부를 썼다. 라이프치히 시절과 제젠하임에서의 전원생활 등 슈트라스부르크 시절이 포함된 2부는 나폴레옹이 러시아를 공격하여 유럽이 초긴장 상태에 있을 때 씌어 졌다. 『괴츠』와 『베르터』의 탄생을 다룬 3부는 유럽 열강이 나폴레옹을 몰아내고 독일에서 민족주의 운동이 싹트기 시작한 1813년에 완성되었다(이 책이 1814년 초여름에 출간되었을 때 나폴레옹은 이미 엘바 섬으로 추방된 뒤였다). 그리고 4월 괴테는 자서전의 4부를 쓰기 시작했다. 11월, 『색채론』에 대한 긴 침묵이 계속되는 상황에서 바이마르에 있는 요한나 쇼펜하우어의 살롱에서 괴테는 그녀의 아들 아르투르 쇼펜하우어(Arthur Schopenhauer)를 만나 처음으로 대화를 나누었다. 젊은 철학자 쇼펜하우어는 방금 박사논문 「충족이유율의 네 겹의 뿌리에 관하여」를 마치고 어머니의 집에 잠시 머물고 있었다. 괴테는 이 특이한 철학자와 편안한 관계를 맺지는 못했다("나는 다른 사람들과는 이야기를 나누고, 그 젊은 쇼펜하우어 박사와는 철학을 한다"). 그들은 『색채론』의 몇몇 글들을 읽고 토론을 하였고, 쇼펜하우어는 괴테가 주장했던 색채의 생리학에서 출발하여 우리 눈에서 발생하는 색의 생성에 대한 완벽한 이론을 발전시키려고 했다. 괴테가 색채 자체의 본질이 아니라 그것이 우리 눈에서 어떻게 색의 감각을 생성하는가에 집중하고

있었던 것과 유사하게, 쇼펜하우어는 색이 나타나는 현상들이 빛의 변화된 유입으로 야기된, 망막의 상이한 활동의 결과라고 주장했다. 이렇듯 양자는 밀접한 관계를 맺고 있었지만, 1815년 쇼펜하우어가 드레스덴에서 자신의 논문 「시지각과 색에 관하여」를 보내오면서 갈등이 빚어졌다. 괴테는 검토를 다른 이에게 맡겼으며, 결국 쇼펜하우어는 '스승의 은총 없이' 그 논문을 책으로 출간했다.

1814—나폴레옹의 패배 이후 독일은 애국주의에 대한 호소로 뒤덮였다. 이해 1월 '독일 민족에게 고함(Reden an die deutsche Nation)'이란 연속 강연을 하며 프로이센 사령부의 군종목사가 되겠다고 자청한 피히테가 부상병들이 옮겨온 티푸스로 사망하였다. 3월 중순, 베를린에서 대배우이자 연출자 이플란트(Iffland)로부터 나폴레옹에 대한 승리를 축하하기 위한 작품을 써달라는 부탁을 받았다. 몇 주 후 축제극 『에피메니데스의 각성(Des Epimenides Erwachen)』을 그에게 보내지만 베를린에서의 행사가 취소되고 이플란트도 사망하는 바람에 공연은 지연되었다. 첼터에게 모짜르트(Wolfgang Amadeus Mozart)의 오페라 『마술피리(Zauberflöte)』를 잇는 2부를 신속하게 쓸지도 모르겠다고 편지를 쓴 것도 이 무렵이었다. 5월 중순 코타 출판사로부터 받은 페르시아의 시인 하피스(Hafis)의 시집 『디반(Divan)』을 읽고 자극을 받아 『서동시집(West-östlicher Divan)』에 착수하였다. 이 시기에 그는 라인강과 마인강 유역을 여행하였고, 프랑크푸르트 암 마인에서 마리안네 빌레머(Marianne von Willemer)와 교제하였는데, 괴테는 친구였던 야콥 폰 빌레머의 약혼녀였던 그녀에 대한 마음을(그녀의 결혼 이후에도) 은밀한 편지로 전했고, 문학적 재능이 뛰어났던 그녀 역시 하피스의 시를 활용한 암호로 그에 응했다고 전해진다. 괴테 사후에 마리안네가 밝힌 바에 따

르면, 실제로 『서동시집』의 줄라이카는 그녀를 모델로 한 것일 뿐만 아니라, 그녀 자신의 작품이기도 했다.

1815—바이마르는 대공국의 지위로 격상되었고, 아우구스트 대공은 '국왕 폐하'로 불리게 되었으며, 괴테 역시 재상(장관)으로 임명되었다. 『에피메니데스』가 베를린에서 공연되었고, 『서동시집』에 수록할 140편 정도의 시가 씌어졌다. 괴테는 이 새로 엄습한 창조적 열정을 가리켜 "되돌아온 사춘기"라고 불렀다. 그는 자기 자신 그리고 자신의 창조적 열정을 이 새롭게 깨어난 서정적 분위기에 맡겼다.

1816—6월 6일, 지난해부터 건강이 악화되어 오던 아내 크리스티아네가 사망하였다. 아무도 대신할 수 없는 존재로서 그와 삶을 같이 했던 아내를 상실한 아픔을 견디게 한 것은 아들의 조언과 도움이었다. 『이탈리아 기행』 1부를 완결하고 곧 2부의 집필에 착수했다. 잡지 『예술과 고대에 대하여(Über Kunst und Altertum)』의 발간을 시작하였다.

1817—극장 총감독의 지위에서 물러났다. 영국 시인 바이런에 심취하여 그의 시들을 탐독하였다. 괴테는 "바이런처럼 고귀한 인물은 역사의 전후를 통틀어도 거의 만날 수 없을 것이라"고 말했다.

1819—몇 년간 미완성 상태로 남겨두었던 『서동시집』을 마무리 짓고 출판하였다. 프라우엔플란의 괴테의 대저택은 아내 크리스티아네가 죽자 이후 적막이 감돌았다. 노년의 괴테는 손자가 시끄럽게 하는 건 참을 수 있어도 아들 부부가 싸우는 소리는 듣기 힘들

어 했으며, 더 이상은 쉴러, 셸링, 훔볼트를 만날 수 없는 예나로 떠나기도 했다. 여전히 많은 사람들이 그를 방문하길 원했으며 괴테역시 그들을 맞이하는 일을 꺼리지 않았으나, 때때로 그는 완전히입을 다물고 혼자만의 생각에 잠기곤 했다.

1820―칼스바트에 새로 생긴 마리엔마트로 거처를 옮긴다. 그곳의 가장 유력한 인물이었던 브뢰직케(Friedrich Leberecht von Brösigke), 클레벨스베르크(Klebelsberg) 백작과 그의 아내 아말리에 폰 레베초(Amalie von Levetzow)와 친분을 맺는다.

1821―『빌헬름 마이스터의 편력시대』를 출간하였다. 괴테의 후반기 생애 10년에 걸쳐 집필된 이 방대한 소설은 사회적 현실을 마주한 개인이 어떻게 그 현실을 견뎌 낼 수 있는가의 문제를 중점적으로 다루고 있다. 그렇지만 이 작품에서 괴테는 일관된 주제를 향하는 짜임새 있는 구조를 세우는 대신, 주요 줄거리와 느슨하게 연결된 짧은 이야기들을 채워 넣는 방식을 택하고 있다. 정신적 삶이어떻게 그 정당성을 주장하는지, 그러한 삶이 현실 앞에서 마비되어 버린 것은 아닌지, 정신적 삶을 위한 유토피아는 존재하는지, 그렇다면 그러한 유토피아는 실현될 만한 가치가 있는 것인지, 혹은저 모든 고민이 정신의 혼란스런 작용이 만들어 낸 환상에 불과한지 등의 문제가 복잡다단하게 뒤얽혀 있는 작품을 만들어 냈다. 그의 다른 작품들과 비교해 볼 때 거의 뒤죽박죽이라고 해도 좋을이러한 구성에 대해서, 괴테는 "일단 기록된 것은 벌어진 사건처럼자기의 권리를 주장한다"며 태연한 태도를 취했다. 이즈음 괴테와아말리에의 첫째 딸 울리케 폰 레페초프(Ulrike von Levetzow)의 만남이 이루어졌다(당시 17세였던 그녀는 72세인 괴테의 마지막 연인이었다).

1823—2월 중순부터 생명에 위협을 느낄 정도로 심각한 병을 앓았다. 괴테는 일시적으로 의식을 잃거나 강한 하복통 탓에 의자에 앉아 있어야만 했다. 뮐러(Kanzler Müller) 수상이 꾸준히 문병을 왔는데, 그는 괴테가 병을 극복하고자 하면서도 한편으로는 절망에 차 늘어놓는 말들을 기록해 두었다. 다행히 병세가 진정되어 괴테는 다시금 건강을 회복했다. 괴테를 열렬히 숭배했던 문학도 에커만(Johann Peter Eckermann)이 자신의 원고 「시학 논고」를 괴테에게 보내왔고, 그의 초청을 받아 바이마르를 방문했다. 그의 자질을 알아본 괴테는 자신의 전집 발간을 위해 에커만을 바이마르에 머물게 했다. 이때부터 에커만은 만년의 괴테에게 중요한 조력자이자 동료가 되었다. 그는 이해부터 1832년 괴테가 세상을 떠날 때까지 약 천 번 가량 만났으며, 그때마다의 대화를 기록해 두었다가 괴테 사후 책으로 출간(1836년에 1부와 2부를, 그리고 1848년에 3부를 출간)했다[후에 니체(Friedrich Wilhelm Nietzsche)는 이 책 『괴테와의 대화(Gespräche mit Goethe in den letzten Jahren seines Lebens)』를 "현존하는 독일 최고의 양서"라고 평했다]. 11월, 괴테는 다시 몸져눕는다. 훔볼트가 찾아와 더 이상 그를 볼 수 없을 거라는 두려움에 이마에 작별의 키스를 했다. 첼터의 성실한 조력과 낭독 덕분에 괴테는 병중에도 『마리엔바트 비가(Marienbader Elegie)』를 완성할 수 있었다. 이 작품은 울리케와의 이루어질 수 없는 사랑을 노래한 것이라고 알려져 있는데, 훔볼트는 짧았던 지난날의 행복을 아쉬워하는("하루는 얼마나 빨리 날개를 단 것처럼 지나가는지/매 분은 달아나는 것처럼 보이네!") 이 작품을 사랑이 아니라 저물어가는 노년에 대한 비가로 여겼다고 한다. 실제로 이 비가는 다음과 같이 끝맺고 있다. "신들은 내게 시를 쓸 재능을 주었으나,/그들은 나를 떠나고, 나를 파멸시키네."

1824—건강을 추스른 괴테는 쉴러와 주고받았던 편지들을 모아 출간하기로 하고, 그 준비로 그것들을 필사하게 했다. 또한 코타 출판사에서 마지막으로 새로운 전집을 낼 수 있을지를 문의하였는데, 이것은 『파우스트』 2부의 작업에 다시금 착수하고 그것을 완결고자 하는 의도에서 시작된 일이었다.

1825—『파우스트』 2부 집필을 재개하는 한편, 36개 국가들에게 자신의 마지막 전집이 해적판이나 복제판으로부터 보호받을 권리를 승인해 달라고 호소했다(다음해 독일연방의 나라들이 이 권리를 승인해 줌으로써, 괴테는 저작권의 개념이 본격적으로 보편화되기 전에 이미 저작권을 얻은 최초의 독일 작가가 되었다).

1827—1월 6일, 샤를로테 폰 슈타인이 84세의 나이로 세상을 떠났다.

1828—6월 14일, 칼 아우구스트 공이 사망하였다. 뮐러 수상이 이 소식을 전했을 때, 괴테는 "내가 먼저 죽었어야 하는데"라고 외친 후 입을 다물어 버렸다고 전해진다. 이해부터 다음해까지 괴테와 쉴러의 편지가 국판 6권으로 코타 출판사에서 출간되었다.

1829—『파우스트』 1부가 다섯 개 도시에서 공연되었다. 『이탈리아 기행』 전편이 완결되었다.

1830—아들 아우구스트가 로마에서 사망하였다는 소식이 전해졌다. 이번에도 뮐러 수상이 죽음의 전령이었고, 괴테의 반응을 기록했다("나는 내가 언젠가는 죽을 존재를 낳았다는 것을 늘 알고 있었다"). 1812년

양아들이 죽었을 때 괴테의 위로를 받았던 첼터가 이번에는 괴테를 위로하기 위해 방문했다. 각혈을 동반한 심한 폐결핵을 앓았다.

1831—『시와 진실』을 마무리하였으며, 『파우스트』 2부를 마침내 완성하였다. 파우스트라는 주제에 대한 평생의 관심으로 인해 줄곧 완성을 망설여 왔던 괴테는, 2부에서 작품의 무대를 대대적으로 확장하는 중대한 도전을 시도한다. 1부에서의 그레트헨 비극이 개인의 비극적 존재론과 사랑 및 성애의 문제를 한정적으로 다루고 있었던 반면에, 2부에 등장하는 황제의 궁성, 호문쿨루스, 헬레나 비극, 전쟁, 간척 사업 등은 저마다 물질적 부의 탐닉, 신적인 창조 행위의 모방, 아름다움의 소유 및 (그레트헨 비극에서도 나타나는) 선조의 지위에 대한 향유, 정복 행위와 권력 획득 등을 두루 조망함으로써, 1부의 주제였던 비극적 본질과 마법적 가상이 벌이는 격전이 더 이상 개인의 내면에 국한될 수 없는 보편적인 문제라는 인식으로 나아간다. 『편력시대』의 분방함과는 또 다른 이 확장은 일종의 백과전서(Encyclopédie)적 성격을 띠고 있으며, 확장된 규모 자체부터가 이미 2부의 내용이 세계 전체의 유비를 의도하고 있음을 보여주고 있다. 그러면서도 괴테는 이 대대적인 확장 속에서도 파우스트라는 인물이 그의 '기본 진실'을 놓치지 않도록 하기 위해, 치밀하고도 세세한 구성을 동원하여 『파우스트』 2부가 전체 작품의 통주저음을 붙잡고 있도록 배치하고자 했다. 비록 겉으로 드러나는 파우스트와 메피스토의 모습은 새롭게 일어난 근대 유럽 사회의 수많은 변화들을 반영하며 바뀌어 버린 것처럼 보이지만, 여전히 육화된 마법적 도구로서의 악마와 인간 존재가 맺는 '비극적' 관계는 굳게 지속되고 있다. 괴테는 당대는 물론 오늘날까지도 '노년에 이른 괴테가 신비주의적 사상에 경도되어 만들어 낸 환상'으

로 치부되고 있는 2부의 결말 부분 역시, 실제로는 구원 자체보다도 그것의 필요성을 더욱 강조하는 듯한(6월 6일에 있었던 에커만과의 대화에서 괴테는 이를 가리켜 "우리의 정화란 우리 자신의 힘뿐만 아니라 자비로운 신의 은총이 가세하여야 비로소 이루어진다는 우리의 종교관과 완전히 일치하는 생각"이라고 밝히고 있다) 명백한 이분법적 구조(무상한 것/실체, 불충분한 것/실현된 것, 형언할 수 없는(불분명한) 것/이룩된 것)를 통해, 작품 전체를 관류하는 비극적 존재론의 구조를 지탱해 내는 역할을 하도록 만들었다. 천상의 존재들에 의해 파우스트가 구원된다는 결말은 역설적으로 파우스트를 짓누르고 있는 비극적 무게에 궁극적인 정당성을 부여하며, 역설적으로 인간을 구원하는 것은 '자비로운 신의 은총뿐만 아니라 우리 자신의 힘'을 요구한다는 근본 주제를 강화하고 있는 것이다. 괴테는 82회 생일을 아름답고도 고통스런 기억(광산 프로젝트의 중단)이 있는 일메나우에서 보냈다. 이곳에서 그는 지질학에 대한 관심을 깨닫고 광물학자가 되었으며, 한편으로는 두려움과 사랑하는 법을 배웠다. 일메나우는 괴테가 바이마르 시절에 겪었던 첫 번째 사랑과도 연관이 있었을 뿐만 아니라, 샤를로테 폰 슈타인 부인이 이곳을 방문한 적도 있었다. 괴테는 이곳 북서쪽 비탈길의 어느 암벽에 있는 헤르만슈타인 동굴을 침묵 속에서 사랑의 행복을 상상하는 특별한 장소로 여겼다. 점차 힘을 잃어 가는 육체와 달리 그의 정신은 여전히 또렷했으며, 괴테는 이 시기에도 여전히 수많은 활동을 하며 하루하루를 보냈다. 그의 왕성한 지적 호기심은 사라지지 않았고, 한 번 더 헤겔을 읽어 보려 한다고 첼터에게 편지를 쓰기도 했다.

1832—3월 중순 가슴의 통증이 심해졌고, 눈빛은 생기를 잃었다. 3월 22일 정오, 운명하였다. 팔걸이의자 왼쪽 구석에 기댄 채였다.

에디투스의 인문 교양 플랜 1—주제들(THEMEN)

무지와 등을 맞댄 낙관이 출렁이는 시대는 위태롭다. 지(知)의 저수지는 바닥이 드러났는데, 지식과 정보가 넘쳐나는 풍경은 기이하기조차 하다. '주제들' 시리즈는 이 사유의 불모에 놓이는 지혜의 묘판(苗板)이고자 한다. 책은 작고 얇지만, 여기에 담긴 인문적 사유의 가치는 결코 만만치 않은 것들이다. '석학들의 작은 강연'이라 부를 수도 있는 이 텍스트들이 던지는 주제가 무엇이든, 그것이 모순된 시대를 응시하는 시선을 깊고 풍부하게 할 것임을 의심하지 않는다.

1. 장 볼락, 『파울 첼란 / 유대화된 독일인들 사이에서』, 윤정민 옮김

2. 게르하르트 노이만, 『실패한 시작과 열린 결말 / 프란츠 카프카의 시적 인류학』, 신동화 옮김

3. 데이비드 E. 웰버리, 『현대문학에서 쇼펜하우어가 남긴 것』, 이지연 옮김

4. 세스 베나르데테, 『소크라테스와 플라톤의 사랑의 변증법』, 문규민 옮김

5. 폴 A. 캔터, 『맥베스 / 양심을 지닌 아킬레스』, 권오숙 옮김

6. 호르스트 브레데캄프, 『재현과 형식 / 르네상스의 이미지 마법』, 이정민 옮김

7. 데이비드 E. 웰버리, 『괴테의 파우스트 1 / 비극적 형식에 대한 성찰』, 이강진 옮김

'주제들' 시리즈는 계속 출간됩니다.